誰といても疲れない自分になる本

林 恭弘
ビジネス心理コンサルティング代表
心理コンサルタント

SOGO HOREI PUBLISHING CO., LTD

はじめに

・怒らせるかもと思って本音が言えない
・上司に都合よく使われている気がしてイライラする
・先輩に言われたきつい一言が忘れられない
・自分は職場で浮いている気がする
・これでよかったのかなと後で悩む

その人がいるだけで気をつかったり、イライラする。言いたいことはあるのに飲み込んで、後になってモヤモヤする。

このように、他人に対して気をつかって疲れてしまうことはありませんか？

このように感じてしまう人には、ある共通することがあります。

それは、**自分自身のことを無意識で認めない・自分の気持ちを大切にしない癖があ**

るということです。
社会に出ると、理不尽なことであっても自分の感情を抑えて他人に接したり、他人を優先する場面が多いものです。

「なんでこんなこともできないんだ」

「俺たちが若かったころはもっと大変だったんだぞ」


こんな周囲の人の言うことをまっすぐに受け止め、なんとかしなければと一生懸命に頑張る……でもあるとき、なんか疲れたなあと感じてしまうのです。

おそらくこの本を手にとってくださったかたは、自分自身を変えて周囲の人と楽に付き合えるようになりたいというかたでしょう。

自分がなんとかしないと……、もっとしっかりしなきゃダメだ……と思っているかたもいるのかもしれませんね。

けれども、あなたが**悩んでいるということは、すでにあなたは自分と一生懸命に向き合って頑張っている、ひたむきな人ということ**でもあります。

人間関係における他人との関係性は、あなたが「自分自身をどのように感じているのか」ということが、大きく影響しています。

くわしくは本文で説明しますが、**自分自身をそのまま認め、とらえかたを変えていくことで、人づきあいをもっと楽にすることができる**のです。また、そうすることで、あなたがどのように自分のことを無意識でとらえているのか、他人が本当はどのように考えているのかを気づくことにもなるでしょう。

「日々の、身近な人間関係こそが人生なり」という言葉があります。

生活をする上で身近な人間関係があなたを幸せにも、不幸にもするということです。心理学では「人間の悩みの80％以上は、身近な人との関係である」と言われます。

上司・お客様・同僚・友人・家族など、日常生活では身近な人にイヤな気持ちにさせられる瞬間が誰にでもあります。イヤな人間関係はあなたを憂うつにし、やがて悩みの大きな原因となります。

しかしながら、自分自身と向き合いながら他人との関係改善を試みることは、あなたの他人に対する視野を広げることでもあります。心の持ちかたを変化させ、適応力をつけるということに他なりません。人間としてひと回りもふた回りも大きくなるチャンスなのです。あなたが成長することで、仕事も家庭生活もプライベートも、より一層豊かになってゆくのです。

本書では、人間関係で疲れてしまいがちな人に向けて、疲れるメカニズムと苦手な人間関係から解放され、ラクになる考え方や接し方のちょっとしたコツを紹介します。はじめは少し難しく感じることもあるかもしれませんが、あなたの歩む人生の景色を変えるために、本書を通じて自分との向き合い方を一緒に考えてゆきましょう。

2017年3月吉日

林恭弘

CONTENTS

第1章 「他人といると疲れる自分」になっていませんか？

第2章 心の声を聞いて「自分の人生」をとり戻そう

第3章 疲れない人間関係をつくる大人の接し方

第4章 人間関係で疲れない考え方のコツ

装丁デザイン　krran（坂川朱音・西垂水敦）
本文デザイン　土屋和泉
装丁・本文イラスト　高旗将雄
DTP　横内俊彦

第1章

「他人といると疲れる自分」になっていませんか?

疲れるのは他人に振り回されているから

「疲れ」の原因がわかると楽になる

職場やプライベートの人間関係で「一緒にいて疲れるなぁ」「気をつかうなぁ」と感じる人は必ず登場します。

たとえ昨日までは気分よく平穏に過ごしていたとしても、ある日突然「なんかイヤだなぁ」という人と出会ったり、つながりのある人でも「こんな人だったの？」と驚いたりすることもあるものです。

しかし、このような人たちと付き合っていかなければならない不条理も、また現実なのです。

さて、本書を進めるにあたり、まずあなたが「疲れる人」とはどういうタイプの人なのか、整理する必要があるでしょう。なぜかわからないけど疲れるというよりも、「苦手なワケ」がわかることでスッキリしますし、何よりも対策を立てるにあたり大いに役立ちます。

あなたが好きと感じる人や相性のいい人には、その人と関わることが心地いいと感じる「好きな理由」があります。それに対して、あなたが「疲れる」「苦手」と感じる人には、その人と関わることが心地よくない「苦痛に感じる理由」が必ずあるのです。

まず、人とコミュニケーションをとるのが疲れるという人は、往々にして**「相手に振り回されている」状態**が多いものです。

なぜ、この振り回されている感を持つのかというと、相手のことが**「よくわからないから」「理解ができないから」**ではないでしょうか。

この振り回されている感から抜け出すには、推測あるいは予想を立てることが効果的です。相手を理解できればこれらの感覚は薄れていくのです。

そして、あなたの心の持ちかたや対応の仕方を変えることによって、相手との関係性も簡単に変化させることができます。

人間関係は自分次第でもっと楽になる

そもそもあなたが人と会うことに疲れを感じてしまうのは、こちらが何をしても相手は変わってくれないという思い込みがあるからではないでしょうか。

私は人間関係を化学反応のようなものだと思います。

あなたにとって疲れを感じさせる人が本当にひどい人かというと、一概にそうは言えません。それは他の人がその人と関わった場合にとてもいい反応が起こることもあるからです。実際は、あなたが苦手とする人を「あの人とは相性が悪いから、どうしようもない」とあきらめて**避けたり逃げたりすることで、悪い関係をますます悪くしていることが多い**のです。

相性というものは生涯続く因縁などではなく、変えることができる関係性です。

そして、その関係性は相手を変えるのではなく、あなたが変わることで変えることがでます。あなたが新しいことを学んでちょっと変化するだけで、さまざまな人との関係もよりよくなっていくのです。

ではまずは、あなたがその人に対して疲れを感じてしまう理由について知るところからはじめていきましょう。

「疲れ」の裏にある二種類の感情

一般的に、誰かと「一緒にいると疲れる」と感じるときは、大きく分けて**「怖い」**と**「イライラする」**という二つの感情のいずれかに当てはまります。

まず、「怖い」という感情の源としては、

❶ 恐怖
❷ 不安
❸ プレッシャー

が挙げられます。

一方、「イライラする」という感情の源を探ってみると、

❶ **ペースが合わない**
❷ **価値観・常識が違う**
❸ **成熟度が違う**

が挙げられます。

相手とあなたの関係性を見たとき、あなたが相手よりも立場・役割が弱いときに感じるイヤな気持ちが「怖い」感情、あなたが相手よりも立場・役割が強いときに感じるイヤな気持ちが「イライラする」という感情になります。たとえば、上司として、部下にくり返し指導しても成績が上がらないので、うんざりする（イライラする）場合や、先輩が強い口調（性格）で自分の欠点を指摘する（怖い）場合などです。

ではここまで整理したことをもとに、人間関係に悩んでいる人たちの具体的な事例を見てみましょう。これから挙げるケースは、私がカウンセリングで相談者から聴いた事例や、仕事やプライベートで出会った人たちをモデルにしています。

人間関係の「疲れ」はこうして生まれる〈怖れの感情〉

　ではまず、「怖い」と感じるパターンから見ていきましょう。

　先ほど述べたように、「怖い」と感じるとき、相手とあなたの関係は、相手の地位・役割、年齢、経験、性格などに対して、あなたが低い・弱い（後輩・部下、年少、未熟、劣勢）状態にいることになります。

　しかし、その**低い・弱い状態は地位・立場、年齢、経験などのように必然的に発生しているものだけではありません。それ以外に、あなた自身が勝手につくり出している場合もあります。**つまり、その相手との関係は、何も相手の性格の偏りだけが原因なのではなく、あなた自身も原因の一部になっているということです。

　くわしい原因と解決策は2章以降でお伝えしますが、まず疲れてしまう人が相手にどのように疲れていくのか見ていくことにしましょう。

恐怖の対象
感情的な人にびくびくしてしまう

感情的になり暴言を吐く「活火山型」

ある女性は、現在の会社に転職してきてずっと悩み続けていることがありました。

それはチームリーダーとの人間関係です。

リーダーは社長に次いで経験があり、社内では最年長。もちろん仕事ぶりも一目おくものがあるのですが、とにかく感情的になりやすいのが、職場でも悩みの種でした。

「何度言ったらわかるの！　どうしていつもそうなわけ？」

「こんなこともできないで、よく給料もらおうなんて思えるね！」
「どうして私の指示した通りにできないのよ！」
「男のくせに情けない！」

と、暴言・侮辱・非難の嵐。そして、いよいよ激昂《げきこう》すると吐きそうになりながらも「もうぉぉー!!」（すさまじい叫び声）と、感情を爆発させるのです。

まるで「活火山」とも言えるこのチームリーダーと、毎日8時間近く職場で過ごすわけですから、退職者も後を絶ちません。

このとき彼女はチームリーダーの感情に

翻弄《ほんろう》され、自分をコントロールできなくなっています。**恐怖が先に立ち、自分を防衛するのに必死になっている状態なの**です。そして、チームリーダーも自分の感情を制御することができなくなり、怒りの感情がさらに増幅する怒りの感情を生み出している状態なのです。

不安の対象
嫌われたくないと思ってしまう

敵と仲間をつくりたがる「女子」

ある女性は職場で、「女子」の輪に入りきれず戸惑いを感じ続けていました。

ある一人のリーダー的女性社員は、

「〇〇課長って、コミュニケーション能力に問題あるよねー」
「営業の〇〇くんって、伸びるタイプじゃないよね」

などと自分の意見に同意を求めます。それに対して同意していると、気がつけばその女子社員を中心とする〝群れ〟の一員になるというのです。

仮に、反対意見を言おうものなら、強烈な批判が返ってくるか、それ以降徹底的に無視され、その影響力が他の女子社員にも伝わり、居場所がなくなります。

群れに入るも地獄、入らないも地獄……。仕事よりも、女子の人間関係について悩み続ける彼女なのでした。

このとき彼女は**居場所を無くしてしまうことに不安を感じています**。しかし、リーダー的存在の女性に迎合して、人を批判し続けるのは自分の「在り方」として許せないという気持ちもあるのです。集団への迎合による自己防衛と、正しい在り方の狭間でジレンマを抱えている状態です。

プレッシャーの対象

一緒にいると緊張してしまう

熱血「超・体育会系上司」

ある男性の悩みは、営業部の課長である体育会系上司との人間関係です。

上司は朝礼になると、挨拶を張り裂けんばかりの大声で延々と叫び続けさせ、「気合が入っていない！」と叱咤激励するというのです。もちろん、お酒の場でも「気合を入れて飲め！」と超体育会系の有様。

上司の営業同行では、「挨拶に行く」とだけ先方に伝えていたにもかかわらず、「常に売るつもりで行け！」と強引なセールストークで、訪問先の空気を凍らせるのです。「君にとって仕事とは何だ？　意味を見出せ！　価値を創造するんだ！」と言われ続け、身体よりも精神的に疲れ果て帰宅する彼なのでした。

このとき彼は自分のキャラクター（自然で自分にふさわしいありかた）と上司のキャラクターの間にギャップを感じて悩み、相手に振り回されてしまっている状態です。

このようなパワーハラスメントをしてしまう上司は、本人はしている自覚がなく、仕事熱心で正義感も強いという特徴があります。そして、自分がやってきた方法や考え方が正しいと思っており、それを部下や後輩に一生懸命に教えようとしているのです。


いかがでしょうか。

相手が自分の挙動に触発されてさらに態度を強固なものにしていき、疲れさせる存在となっていく過程がなんとなく想像できたのではないでしょうか。

さて、次のページからは、もう一つの疲れの感情である「イライラする」と感じるパターンを見ていくことにしましょう。

人間関係の「疲れ」はこうして生まれる〈イライラの感情〉

イライラしているときは、その前提として**「自分が正しい」「相手が間違っている」**あるいは、「自分が標準」「相手がおかしい」という思い込みがあります。書類のフォーマットの作成を後輩に依頼したとき、想定していたフォーマットができあがってこないときにイラだつのはその状態です。自分の目の前を、やけにゆっくりと歩いている人にイラだつのも、その人に対する批判意識があるからです。

「あの人は間違っているのではなく、自分とは違うのだ」「彼女には彼女なりの考え方ややり方があり、自分のそれがすべてではないのだ」という考えが持てれば、あまりイラだつことはなく心も楽になるのですが、イライラする人は「自分がすべて」の自己中心的な考えと感覚を持ってしまうことが多いものです。

ペースの違い
空気を読めない人にイライラする
話がかみ合わない「読めないクン」

ある女性の最近の憂鬱は、月に一回ある会議に出席することです。効率的で働きやすい職場づくりのために、意見を交換する目的で各部署の代表が集まるものです。彼女のイライラの対象は〝空気の読めない〟ある中堅社員の男性。とにかく話がかみ合わず、参加者の会議への集中力を削いでしまうのです。

「あのぉ。そう言えば○○っていう会社がありましたよね～」

「そう言えば～、知人が○○にお願いしたらしいですよ」

と、会議の目的とは関係のない会社や知人の例を出して、やたらのんびりとした調子で話すのです。「さまざまな視点でアイデアを交換する」という会議の趣旨のためか、あるいは中堅社員を叱り飛ばすことがはばかられるためか、他のメンバーはじっと耐えて聞いているだけです。

しかし、彼女はすっかり調子を崩され、ペースが合わない人間関係がこれほどまでにストレスになるのだということを実感していたのでした。

このとき彼女は、自分のペースと合わない彼の調子にイラだつとともに、他の人が彼に注意をしないことに対するイラだちも

感じています。さらに、この状況を改善する方法も見つからないために、余計にイラだっている状態です。

価値観の違い

理解できなくてイライラする

やる気を感じられない「昼行灯《ひるあんどん》」

支店長に着任したある女性の悩みの種は、20代の若手社員たち。あまりにも仕事への向き合い方や、他の社員への接し方が淡泊で、やる気が感じられず、まさしく「昼間では灯っているのかわからない行灯」のようなのです。

彼女は彼らと話す機会を設け、仕事に対する思いを聞いてみたのですが、うつむいて首をかしげたり、

「べつに、困っていることはないと思います」
「やることはやっていると思います」

という返答です。仕方なく雰囲気をほぐそうと、プライベートな話題を振ってみても、まったく盛り上がりません。

そして、他の社員にそのことを伝えても、「あまり役には立っていないが、休まず出社し大きなトラブルもない。価値観の違いでしょう」という意見が返ってくるだけです。支店を盛り上げよう！　という意気込みで異動してきただけに、覇気のない若手社員と冷ややかな態度の他の社員の間で、まるで異国に来たような孤独感を感じる彼女なのでした。

このとき彼女は、結果を出そうと焦りすぎ、自己中心的な視点でものを見ているのでイラだっている状態です。

何のために働くのかという仕事観は、人によってさまざまです。彼女の仕事観は素晴らしいのですが、相手に思いを伝えるためには時間をかけて相手と信頼関係を築き、じっくりと影響を及ぼすことを考えなければなりません。

常識の違い
無責任な人にイライラする

自分の身を守ることしか考えない「自己中人間」

ある男性は、顧客へのサービスや新規顧客の獲得につながるようなイベントを定期的に企画・運営する部署で働いています。

その部署の部長である上司はイベントの企画会議において、決して自分で責任をとらない姿勢で社員たちを悩ませていました。

企画の提案をすると、いつも「成功する確信はあるのか」と、片っ端から叩き潰していくのです。

上司が認めるイベントというと内容が似たり寄ったりで、当然得意先からも飽きられ、参加者数も以前より減っていました。

それに危機感を覚えたメンバーが上司に新たに企画を提案したのですが、「失敗するのは目に見えている」「成功するわけがない」「自分の裁量でやってみろ！」という反応です。

しかし、その結果といえば、大盛況の大成功だったのです！

それに対して上司は

「予想通りだったな！　君たちが慎重になって弱点を克服したからこそうまくいったな。私はそこを狙っていたんだよ」

と言うのです。

メンバー一同、「手柄は自分、責任は部下に押し付ける」というその上司の非常識であまりにもずるい態度に、許せないほどのイラだちと憤りを感じたのでした。

このときの彼らのイラだちは「上司たるものは責任は自分で取り、部下にチャレンジと成長の機会を与えるべき」「人格も尊敬できる人が上司であるべき」という前提からくるものです。もちろん彼らの考えは間違っていません。そうあってほしいものです。しかし、上司にも「守りたい何か」があるのです。それを踏まえて「うまく転がす」方法を考えなければなりません。

未熟さへのいらだち

ネガティブな人にイライラする

不幸じまんで他人の心をかき乱す「疫病神さん」

ある女性がイラだつ相手は、常に不幸のどん底にいるような会社の同僚の女性です。同僚の口癖は、「最悪」「不幸」「絶望的」「信じられない」と、マイナス思考のフルコース。彼女から誘いがあると食事に付き合いますが、話していると暗い気持ちになり疲れてしまうのです。

「あーもう最悪。彼氏がいつまでたっても結婚の話をしてくれない。決断力がないし、結婚したってどうせ幸せにしてくれないよね。もう最低。絶望的じゃない？　あなたも私も、どうしてこんなに不幸なんだろうね？　まるで呪われた運命だよ」

と、同僚は彼女まで「最悪で不幸な運命を背負った人」扱いしてしまうのです。

彼女自身はプライベートも仕事も楽しんでいますし、もともとポジティブな性格です。しかし、同僚の話に付き合っていると引っ張られ、イヤな気持ちになるのです。

それでいて、ふと彼女の様子を見ると、先ほどのことはケロッと忘れて楽しそうに他の人と話しています。それを見るとさらにムカッとしてしまうのです。できれば距離を置きたいのですが、気がつくとすり寄られ、まるで疫病神にとり憑かれたような気分になっている彼女なのでした。

このときの彼女は同僚の話を丁寧に聴こうとするあまり、相手のペースに飲み込まれてしまっている状態です。一方で同僚は、ふだんからうまく処理できず溜め込んだ不満を発散しているだけなのでしょう。同僚にとって彼女は、ありがたい精神安定剤になっているのです。しかし、彼女は同僚の未熟な部分も含めすべて**「真に受けすぎている」状態**なのです。

日常はモンスターだらけ！

これまで挙げた疲れさせる人の事例はほんの一例にすぎません。疲れを感じる人間関係を、「怖い」または「イライラする」というキーワードで絞り込むと、さらにはっきりとその存在が浮かび上がってくるでしょう。

- **陰で足を引っ張ろうとする「卑怯者」**
- **嫌味を言い続ける「靴底に付いたチューインガム型」**
- **何を考えているのか表情に出ない「能面さん」**
- **細かいことまで首突っ込んでくる「あら捜し屋」**

・理論・理屈で押しまくる「ロジカルさん」
・人によって態度をコロコロ変える「カメレオン」
・自分が正しいと信じて疑わない「ガンコ者」
・自分にも他人にも優しくできない「悲劇の主人公」
・心配性で無駄な行動が多い「慎重さん」
・何度言っても同じ失敗をする「リピートさん」
・叱るとすぐに落ち込む「しおれ花」
・口は達者だが行動がともなわない「有言不実行型」
・愚痴と不幸話しかしない「究極ネガティブ」

……などなど、細分化すると膨大なケースにのぼります。

これを見ると、むしろ不快な気持ちにさせる人に出会うのが当り前と言えるのではないでしょうか。

疲れを感じるのは新しいことに出会ったとき

人間は新しいことが苦手

人間は、変わることがきらいです。

人間には**「恒常性機能」**というものがあります。これは、常に一定の状態にいたがるという性質です。「変わったほうがいいだろうな」と思ったとしても、変わることを怖がるのです。それはこちらのペースが崩され、現在の状態に影響が及び変化させられてしまう可能性があるからです。

「異質なもの」つまり「理解できない人」に出会うと、大きなストレスを感じて疲れるのはこのためです。

人間の身体でいえば、心拍は一分間に60回前後で安定させるという恒常性機能があります。体温は36度前後を維持し、呼吸も一分間に15回ぐらいを保っています。

また、風邪のウイルスが体内に入ってくると、ウイルスをやっつけるために免疫機能が働きだし、38度や39度ぐらいまで発熱します。そして、やっつけてしまえば再び36度で安定します。生命を維持するためには一定の状態を保ち続ける必要があり、ありがたいことに、これらは意識しなくても維持してくれているのです。

「違い」が負の感情を生み出す

そして、人間には**「心の恒常性機能」**もあります。やはり心も、変化を異常事態（＝不安）と感知し、元の状態に戻そうと必死で抵抗します。変化しないほうがリスクも少なく、不安からくるストレスを受けずにすむからです。

ですから、あなたが「変わりたいなぁ」と頭でいくら考えたとしても、本能では変化を不安やストレスを感知しますから、変わることを拒絶してしまうのです。

そして、あなたが疲れるなあと感じているとき、特にイライラするときには、あなたが相手を**「異質な存在」**だと感じているか、思いたいかの、いずれかです。

さて、あなたを疲れさせる人に、このことを重ね合わせてみてください。

あなたが自分と異質なものを持っている人と出会うと、恒常性機能が反応し、異常な事態と感じます。すると、その人に対して「なんなの!?」「信じられない！」「理解できない！」などという感情的な言葉が出てきたりするのです。

しかし、本当は理解できないのではありません。この気持ちは、その相手から影響を受ける、あるいは変わることがストレスになるため、自分に合わないものを、「わかりたくない！」「受け入れたくない！」というただの拒絶の現れなのです。

強い正義感を手放そう

そして、このようなとき前提となっているのは**「私は正しい」という意識**です。「私は正しい。異質（あるいは未熟）なあなたは間違っている」という前提に立っているのです。この前提を変えないかぎりは、イライラをコントロールすることはできません。

そして、正しさを振りかざす人がよく使う言葉に「私は間違いを正しているのだ」というものがあります。この言葉を使っているうちは、他人に対するイライラの感情はコントロールできないものです。きっと対人関係もいいものにはならないでしょう。

私たちはよく、「あなた（あの人）は間違っている」という意味の言葉を他人に言いがちです。

しかし、本当は**間違っているのではなく、「異なっている」だけ**なのです。

人間というあり方には、正しいも間違いもありません。それぞれがすばらしく、そして同時に愚かな部分も抱えています。そこにあるのは唯一、違いだけではないでしょうか。

前向きなあきらめで楽になる

みんなそれぞれ事情がある

人付き合いにおいて疲れない自分になるためには、まず**「この世の中は合わない人だらけなのだ」ということを受け入れる必要があります。**

受け入れるというと、何やら崇高で難しいイメージがあるのですが、要は**「あきらめる」**ということです。

「あきらめる」とは、期待も希望も無くしたネガティブな状態ではなく、「明らかに認める」ということ。つまり、出逢う人は、自分とはペース・価値観・常識・成熟度も違っていて、自分とは合わなくて当然なのだということを、「あきらかにみとめる」のです。

私たちの日常生活で出会う人たちは、自分とはまったく違う「異質な人」だらけです。そもそも、自分と相手では個性が違います。好み・年齢・経験・立場・役割・性別も違います。違うことだらけです。

状況によっては勇敢になり、別の状況では弱虫にもなります。未熟だった人が、大成することもあります。立場の違いから、守るべきものも変化します。役割が違えば、なすべきことも違います。

男女という性差から、感じ方も考え方も違ってきます。

会社の後輩・部下、ご近所の人たち、夫や妻、わが子まで、ほとんどの人たちが実際には、自分と違うペースや価値観・常識、成熟レベルにいるのです。

自分の周囲の人たちは、自分と違うものをたくさん持っているものです。それが現実であり、もうしゃあないわけです。

受け入れるのは難しそうでも、「あきらめる」ならできそうに思えませんか。

イライラする人が知らない本当の自分

自分の欠点を許せない人ほど他人にイライラする

相手に対してイライラして疲れてしまうもう一つのパターンには、「相手の中に、よく似た自分が見える」というものがあります。これは心理学で**「投射（投影）」**と言います。

先ほど述べた「自分と異質のものに遭遇するとイライラする」ということと矛盾するようですが、そうではありません。

これは、自分と相手が同質でありながらも**「自分と相手は違うのだ」と思いたいこ**

とからくるイライラなのです。

たとえば、母親の多くが娘を見ていてとてもイライラすることがあるといいます。それは娘が嘘をついたりずるいことを考えているとき、あるいは娘が叱られたあとに父親にとり入って助けてもらおうとしているときなど、自分が子どものころにしていたことと、いま目の前で娘がしていることがダブるからです。

嘘をついて自分を守ったことや、女性性をつかってうまくとり入ったことなど、かつて自分もしていたことは思い出したくないのでしょう。それは、まるで自分のいやらしい、あるいは未熟な部分を再現ビデオで見せられている気分になるのです。

未熟な部下にイラだつ人も、これと同じことです。世間知らずで、仕事もできないのに社会をナメていたかつての自分と、目の前にいる部下を無意識に重ね合わせて見てしまうのです。

イヤな気持ちになっているのは、いまの自分とは違う（または違うと思いたい）かつての未熟な自分を、相手を通してまざまざと見せつけられているからです。

でも、相手から見せられている**未熟さやはしたない言動は、人間がみな持っている**

要素です。それは確実に、自分自身の中にも存在するのです。

嘘をついて自分を守ろうとする人、うまくとり入って利益を得ようとする人を見つけて許せないようなイライラを感じるとしたなら、自分にも同じ要素があるからです。

つまり、はしたないことを堂々とやるあの人は、私とは異質だと思いたいのです。でも実際には同質です。そのことを認めたくないから、イライラするのです。

イライラするときこそ自分を見つめる

そして、疲れない自分になるためには**自分に対してもあきらめの気持ちを持つ**ということです。

「自分も子どものころは甘えていたよなあ」「新人のころは未熟だったよなあ」「嘘をついてでも、自分を守りたくなる弱い部分ってあるよね」と、自分にも同じような部分があったことを、「あきらかにみとめる」ことです。

つまり、相手の中にある自分の未熟なところ、弱いところを受け入れるのです。

受け入れたくないという気持ちがあるなら、それは**自分自身に抵抗している状態**です。自分の未熟な部分を嫌っているのです。

つまり、他人に対する嫌悪感には**「同じ未熟な部分を宿している自分」に対する自己嫌悪がその根底にある**ということです。

私たちは、**相手を受け入れることができて初めて、自分自身も受け入れることができます**。他人に対してイラだってしまう人は、相手と戦っているのではなく自分との闘いをしているわけです。

もし、あなたに対していつまでもイラだっている人がいれば、自分の正しさを疑わず、どうしても他人と自分は違うという考えに至らずに攻撃的になってしまう「あきらめの悪い人」だと思えばいいのです。あきらめることができれば、自分も相手も楽になるんですけどね。

一人が楽なのに何となく楽しくないとき

自分の「箱」の中では本当の幸せは感じられない

人は無意識に自分の中のスタンダードが、世の中の当たり前だと感じています。そうでなければ、人との出逢いで驚くことも、怖がることも、感動することも有り得ないのです。

「えー、うそ!?」「ほんとに!?」「すげー！」「まさか」「何で!?」という驚きの言葉が出てくるのは、自分のスタンダードからはみ出した人や出来事に出会ったときのはずです。

感動とは、自分のスタンダードを超えたものとの出会いだと言えるでしょう。

そうした**出会いを避けたり排除することは安全ではあるのですが、感動のない生活と人生になってしまう**わけです。

あなたが一人でいるのが好きなのにも関わらず、何となく楽しくないと感じていたとしたら、自分の「箱」の中にいるのかもしれません。

変化を避け、自分と同じペースや似ている価値観、同じぐらいのレベルの成熟度の人間ばかりと付き合うという恒常性機能に基づいた行動は、確かにストレスもなくイラだつ機会も少ないでしょう。

しかし、そのままでは、いまの自分という領域から一歩も出ないことになります。安定はしていても進歩はありません。社会の中で成長して生きていくためには、自分の「箱」から出てリスクを冒す必要があるのです。

実はその理解できない人たちをほんのちょっとだけ理解してみようと、一歩踏み出すことが、自分のスタンダードを打ち破り、いままで気づかなかった発見やアイデアにつながる大きなチャンスなのです。

この章では、まずはあなたを疲れさせる原因を理解することに焦点を当てました。

そうすることで、「○○だから疲れるんだ」「○○だからカッとなって怒っているんだ」という理解ができることによって、ショックや恐怖が少し和らぎます。

次章以降では、心の持ちかたと対応の仕方によってあなたに変化を起こす方法を考えていきましょう。

第2章

心の声を聞いて「自分の人生」をとり戻そう

「できる自分」を目指すのはやめて「いまの自分」にＯＫを出す

あなたの「スタンス」を変えよう

第1章では、人に対して疲れてしまう理由を考えました。

ここではさらに、相手に振り回されてしまうあなたの心の状態について考えていきましょう。というのも、あなたが**「どのように自分のことを感じているのか」ということが、相手との関係に大きく影響している**からです。

あなたは、いま自分自身のことを、どのように感じ、どのように評価しているでしょうか。

あなたがもし、「私は○Kではない」というスタンス（意識や思い）を持っているとしたら、それが相手に伝わり、「あなたは○Kではない」という要素が相手から引き出されやすくなります。

ここで言う「私は○Kではない」という意味は、

- **「私は価値が低い」と思っている**
- **「私は有能ではない」と思っている**
- **「私は重要ではない」と思っている**
- **「私は、私のままではいけない」と思っている**

ということです。

具体的に言うと、

- **意思表示をはっきりできない**
- **反論できない**

- **言いなりになってしまう**
- **萎縮してしまう**
- **自信が持てない**

といったことになります。

もちろん、人はみな常に自信満々で生きているわけではないので、誰でも「私はこのままではいけない」というような感覚は多少持っています。

けれども、この感覚が強いと**相手はあなたを弱い存在とみなします**。そして、無茶な言動をとり、あなたを疲れさせる可能性が高まるのです。「私はよくいじめられるのです」「キツく当たられることが多くて」と言う人たちは、みなこのタイプです。

もちろん、あなたのせいばかりではありません。相手も批判的・攻撃的・強制的などの、あなたを脅かす要素があります。

しかし、その要素は誰にでも同じように発揮されるかというと、必ずしもそうではありません。たとえば、同じミスをしてもきつく叱りやられやすい人と、なぜか叱られにくい人がいるようにです。

もし、あなたがきつく当たられる、あるいは理不尽な言動をぶつけられる機会が多いとしたら、「私はダメだ」というスタンスを無意識でとり、相手に伝えてしまっている可能性が高いでしょう。

あなたが苦手な人の心の中

では、あなたが気をつかったり苦手に感じる人の意識・無意識はどうでしょうか。あなたに対して、批判的・攻撃的・強制的な相手は、自分のことをどのように感じているのでしょうか。

おそらくあなたとは反対に、「私はＯＫである」と感じているでしょう。

それは、「自分は正しい」「自分は優っている」「自分は有能である」「自分は価値がある」という意識もしくは無意識で感じている状態です。

しかし、この自意識が悪いわけではありません。むしろ理想的だと言ってもよいでしょう。自分を大切にし、尊重し、よいところもそうでないところも含めて、自己を受け入れることは対人関係においては必要なことです。

ただし、この**自意識が高じてしまうと、「他人はＯＫではない」という意識と態度が現れやすくなります**。そして、**あなたが「私はＯＫではない」というスタンスをとっていた場合、相手の「私はＯＫで正しい」というスタンスを助長し、必要以上に強めてしまう可能性がある**のです。

このような心理が互いの中で働き続けている限りにおいては、あなたと相手もしくは他人との関係性は変わりません。

あなたがその相手から逃げようとすれば、あなた自身はますます、「私はＯＫではない」という自意識を強めます。相手はますますあなたにイラだち「私はＯＫである。あなたはＯＫではない」意識を強め、理不尽な態度をとるようになるでしょう。

そうなると相手は、よりいっそうあなたとの関係においてこのスタンスを強靭にしていき、あなたにとって疲れる存在となってしまうのです。

「強い者には迎合し、弱い者にはめっぽう強い」という人は、このようにしてできあがります。

自分を認める癖をつけよう

では、このような状況をつくり出さないためにどうすればいいかというと、まずは**「私はＯＫである」というスタンスを常に持つこと**です。「私は価値がある」「私は必要とされる」「私は尊い」「私は、私のままでいい」という自尊心を持つのです。

それがすぐにできたら苦労しないよ！　と反論したくなるかもしれません。

もちろん、**自尊心は何もしないである日突然得られるものではありません**。これは**日々のトレーニングで得られる心の習慣によるものだからです**。日々「私は価値がある」「私は必要とされる」「私は尊い」「私は私のままでいい」という自己説得をしてきた結果なのです。働いているのであれば、自分の与えられた仕事を完結し、身近な人に協力し、貢献してこそ得られる自己意識でもあります。

もし、「私には価値がある」と思えない人は、いままでの生活や人間関係から、自分を低く見積もってしまっているのかもしれません。謙虚なことはいいことですが、度が過ぎると自己卑下になります。そして、あなた自身をつらくさせ、いい人間関係づくりを阻害することにもなるのです。

まずは、あなたが日々やっていることを思い出し、できていること、他者や組織に貢献していることを意識してみましょう。あなたががんばっているのであれば、必ずたくさんあるはずです。些細なことでもいいので、たくさん意識に上げてみてください。そして、**何度も何度もくり返して、自分に「私は私のままでいい」と言い聞かせること**です。

できていないことばかりに焦点を当てて、自分を低く見積もりすぎてはいけません。まずは、いいところのみに注目していくことからはじめましょう。

できないことを堂々と伝えることから始める

意思表示をして自分も相手も大事にする

そして次に必要なことは、**「できること」「できないことを」はっきり伝え、自分の考えを主張すること**です。

そして、そのためには話せば必ずわかり合えるという**「あなたもOKである」という気持ちで相手に接するということが大切**なのです。それは必ず相手に伝わり、相手の心を穏やかに鎮めることになります。それは、「あなたには価値があるんだよ」「あなたは必要とされる人なんだよ」「あなたは、あなたのままでいいんだよ」という優しいメッセージを含んでいるからです。

このスタンスは、人間尊重に基づいた、あなたに強さをもたらしてくれるスタンスでもあります。

これは少々極端な例ですが、「歌舞伎町のジャンヌ・ダルク」と呼ばれた女性の話があります。

その女性は、大手ホテルグループに業界未経験で支配人として採用されました。着任したのは、歌舞伎町にあるホテル。このホテルのあったエリアは暴力団の組事務所や本部がある環境でした。「その筋の人たち」が肩で風を切って歩き、ふだんからホテルのロビーのソファで寝転んだり、カフェを休憩所代わりに使い、大声で騒いだりしているひどい有様でした。

彼女はホテルの支配人ですから、利用客と従業員、そしてホテルを守る使命があります。ガクガクと震える足で近づき、ホテルから出て行くように言いました。もちろん、相手はその筋の人たちですから、「命が惜しくないんかい！」などと脅されるわけです。

しかし、彼女はプロレスラーほどもある体格の筋者たちに囲まれながらも、後ずさりすることなく、「私にはお客様の安心と安全、そして従業員とこのホテルを守る使命があります」と主張し、彼らに出て行くように伝えたのです。

そんなことが2年ほど続き、いまではその人たちはホテルにまったく来なくなったそうです。

これは、当時の彼女のコメントです。

「私の頭の中には、どんな人だって話せばわかるという思いが常にあるんです。（中略）もし相手を怖がったり、毛ぎらいして、早くこの人を追っ払いたいと思いながら対応をしていたら、相手にも伝わって、きっともう私は殺されていたと思うんです。でも私は一度もそういう対応はしていません。怒鳴られたら、一つでもやさしさを返そう。そんな思いで相手と向き合ってきました」（月刊誌「致知」２０１１年10月号）

いかがでしょうか。このような対応のできる人は、彼女以外にはなかなかいないかもしれませんね。しかし、自分のスタンスが相手に確実に伝わり、関係性をつくることができるのだということを教えてくれている実例です。

相手を否定・非難しているのではなく、**自分の「立場」や「思い」、そして「実現したいこと」を伝えている**わけです。

それがもし正当なものであれば、相手だって「あなたは間違っている」とは言えないものです。それが互いの関係性に影響を及ぼし、変化していくのです。

自分で自分を疲れさせてしまう人の思考

予定通りいかなくても不幸にはならない

いきなり自己主張をすると、相手をイヤな気持ちにさせて嫌われてしまうのではないかと思う人もいるかもしれません。

けれども、それはたいてい妄想です。そして、相手に嫌われたからといって必ず人生が不幸になるともかぎりません。

私たちは心のどこかで、「こうなってほしい」「こうあるべきだ」という都合のいい予想や期待を持っています。

その予想や期待通りになることを、**「順境」**と言います。

対して、予想や期待から外れる出来事や状況に遭遇することを、**「逆境」**と呼んでいます。逆境が必ずしも人を不幸にするわけではありません。そもそも**予定通りにならないことは不幸であるという思い込みが、まさしくその人を不幸にしている**のです。

受けとり方で気分は簡単に変わる

「気分」は自分で変えることができるし、つくり出すこともできます。

私たちは日常生活において、環境からさまざまな影響を受けています。環境とは、天候や気温、オフィスのレイアウトやBGM、そして周囲にいるたくさんの人などです。

これらの環境から受ける影響によって、気づかないうちに気分も変化しているのです。

たとえば、「アイツの態度が……」「あのひと言で……」などと、相手の言動が自分の気分をこうさせたと思ってしまうときがあります。

しかし、すべての人がその人の言動で滅入るかというと、そうではありません。その人と関わるすべての人がイラついたりムカついたりするわけではないのです。

ある人は滅入っているけれど、他の人は満足そうにしていたりします。

また、さらに他の人は心弾ませ、楽しんでいる人がいたりもします。つまり出来事や状況が同じでも、まったく違う心の状態が見られるわけです。

また、雨が降ったり蒸し暑かったりすると、「今日は雨が降っているから気分が滅入るなあ」「こう蒸し暑いと仕事に集中できないよ」と、出来事や状況が自分をイヤな気分にさせたのだと思ってしまうものです。

この場合も、雨が最悪なのではありません。雨に対する「解釈」が一日を最低なものに感じさせているのです。「雨が降っている」という事実には、何の意味もありません。

雨が降るとうれしい人もいる

私の知人にスコットランドから来日し、日本で10年近く暮らしている男性がいます。

彼に日本の一番好きな季節を尋ねると、梅雨の季節だと答えました。

私は、「色とりどりの風景を通じて、目で季節が感じとれる秋だろうな」などと予想していたので、その回答に驚かされました。

思わず理由を尋ねると、

「僕の故郷、スコットランドは雨が多い地域です。梅雨空を見上げ、雨の音の調べを聴き、その空気を吸い込むと、1万数千キロも離れた故郷スコットランドを感じることができるんです。そうすると僕の家族や親友たちがすぐそこにいることがわかるんです。だから梅雨は故郷との距離を縮めてくれる時期なんですよ」

と彼は言いました。

彼は雨の季節から、心にエネルギーをもらっているというわけです。

また、私の姪は傘が大好きで、雨具のコレクターでもあります。彼女曰く、朝の天気予報で、雨の予報が出るとワクワクするそうです。なぜかというと、新しい傘のコレクションを披露できるチャンスだからです。

この二人の話からだけでも、「雨」そのものが気分を滅入らせて、最低の一日にするものではないことがわかるのではないでしょうか。

世の中は「しゃあない」ことだらけ

よく考えてみると、予想や期待が外れることだらけではないでしょうか。

- **上司が昨日とまったく違う指示をしてきた**
- **上司にいつも以上に長々と怒られた**
- **先輩が特定の人だけ特別扱いしていた**
- **お客様から理不尽なクレームの電話がかかってきた**
- **「女だからいいよね」と男性の上司から言われた**
- **仲の悪い上司の板挟みになった**

このようなことが日々、当たり前のように起こるわけです。

それはもう、そんなものです。**「しゃあない」**んです。

これらの逆境があなたをイライラさせ、落ち込ませ、最悪の結果に引きずり込むわけではありません。**私たちが「心の解釈」を少し変えていることで、出来事や状況を違う意味や結果として感じている**のです。

振り回されない人は頭の中でこう考えている

不安になったら他の解釈を考えよう

一般的に自信があるとか心が強いと言われる人は、**「出来事や状況（事実）」に対する「意味づけの選択肢（解釈）」を多く持っています。**

反対に、「雨が降った」＝「最悪の一日である」というように、一つしか選択肢を持たない人は、「固定観念の強い人」と言われます。

たとえば、心が強い人と言われる人は、頭の中で次のような解釈をしています。

事実 **上司が昨日とまったく違う指示をしてきた**

つらくなる解釈 やってられない！　自分の言ったことに責任を持てない上司なんて最低だわ！

楽になる解釈 もう、しゃあないなあ。プレッシャーのせいか、うまく決断できないから コロコロと変わるんだな。これからは、指示が変わることを前提に話を聞くことにしよう。振り回されないように、こっちも最善の方法を用意しておかなきゃ。

事実 **上司にいつも以上に長々と怒られた**

つらくなる解釈 どうして俺にだけ、こんなキツイ叱り方をするんだ！　しかも、同じことを何回も言うし、うっとうしい。どうせ役立たずと思っているんだろう。

楽になる解釈 でたー！　説教魔。こうやってストレス発散をしているんだろうな。もう、しゃあないなあ。自分の子どもにもこんな説教をしているとしたら、将来は相手にされなくなるわ。真摯に反省しているフリで聞いとくか。ええと、今日の昼は何を食べようかな。

事実

先輩が特定の人だけ特別扱いしていた

←

つらくなる解釈　何この人！　信じられない。こっちには厳しいのに。イライラするなあ。

楽になる解釈　おっと、そのタイプでしたか。いますいます、こういうタイプ。この器用さがうらやましいわ。もう、しゃあないな。みんなはこの人にどんな接し方をするのか見てみよう。観察、観察！

事実

お客様から理不尽なクレームの電話がかかってきた

←

つらくなる解釈　やめてー！　怖いよ。それ私のせいじゃないじゃないのに……最悪だ。

楽になる解釈　日ごろのストレスを「お客様」という立場で晴らしているんだろうな。こういう人、いるよね。もう、しゃあないわ。とにかく、しゃべるだけしゃべったら気がすむだろう。困ったら上司に振っちゃおうっと。

事実　**「女だからいいよね」と男性の上司に言われた**

⬅

つらくなる解釈　何その言い方！　女だからって下に見てるの?!　ばかにしないでよ。冗談じゃない！　女だから苦労していることがどれだけ多いかわからないくせに。

楽になる解釈　自分の仕事がうまくいっていないから、どこかに言い訳をつくりたいわけだ。バリバリ仕事ができる人なら、女性にこんなこと言わないものね。しゃあない人だ。「来世は女に生まれてくださいね」って感じだわ。

事実　**仲の悪い上司たちの板挟みになった**

⬅

つらくなる解釈　なんでこっちが間に入らなきゃいけないんだ。当人どうしでやってくれないかなあ……。両方から批判されて、こっちの評価だけ下がるなんてごめんだ。

楽になる解釈　直接話し合って解決するのが怖いんだな……もう、しゃあないなあ。これはこっちの問題ではなく二人の問題だし、まともに引き受けていたら心も体ももたないな。「私が伝言して誤解が生まれることは避けたいので、直接お話ししていただいてよろしいですか」って言ってしまおう。

いかがでしょうか。

まあ、こんなにもポジティブ思考になれなくても、心の解釈を少し変えるだけで出来事や状況の意味も価値も変わってきませんか。少なくとも、どんよりした気持ちで過ごすことからは解放され、少しずつ自己成長にもつながるはずです。

日本人は「同じでなければならない」意識が強い

話が少し逸れますが、哲学者の中島義道氏は著書の中で、日本人には「みんな一緒に」という考えがＤＮＡに刻み込まれており、いじめはなくならないだろうと述べられています。

もちろん、社会の中で周囲とのバランスをとって生きていくためには「みんな一緒に」という考えが必要なこともあります。農耕民族である日本人が、飢饉になるほどの天災に見舞われたときには、集団の力で乗り越えてきたのです。村社会という力を発揮するためには、「みんなと一緒」の行動をとり、互いに協力し合う必要がありました。

私たちは小学校に入ると、授業も給食も、遊びも運動会も、「みんなと一緒」を要求されてきました。それができなければ注意・指導、そして矯正されてきたのです。「同じでなければならない」という強烈な観念が、日本人のＤＮＡにはインプットされていることを、まずは自覚しておく必要があるでしょう。

学生時代は雰囲気がちょっと違う子はからかわれて、いじめのターゲットにされてしまうことがあったと思います。大人になっても、みんなと同じように成果が上がらない部下にイラつき、きつい言葉を発して相手を傷つけ、また自らもストレスをため込む人がいるものです。

しかし、生きていく上では**「人は人、自分は自分」という観念を持っていないと、他**

人に過剰にイラだってしまいますし、自分を蔑んでしまうことになります。「みんなと一緒」という価値感は、行き過ぎると自らを苦しめ、他人をも苦しめることになるのです。

現実には、世間が決め込んでいる「スタンダード」にしたがってうまくやれている人はほんの一部です。多くの人たちはスタンダードから外れているか、自分を守るために外れていない自分を必死で装っているものです。

ですから、これらの「これが当たり前」というスタンダードに過剰反応すると、自分を苦しめることになりかねません。

スタンダード以外のものは間違っているのではなく、ただ「異なっている」だけなのです。

「なんでわかってくれないの？」と思ってしまうあなたへ

みんな自分を「わかってほしい」

私たちは人間関係において、「同じように考え、同じように感じる家族や仲間に囲まれて安心（満足）したい」という願望を持っています。これを**「一体感願望」**と言います。

そして、相手に「自分と同じように考え、感じてほしい」「いちいち言わなくても、期待通りに動いてほしい」という思いが働くものです。

「一体感」を持って、心豊かな家庭生活を送りたい、仕事で高い成果をあげたい、という願望は誰もが持っています。

家族であれば、同じ生活習慣のもとに暮らし、人生で大切にしたい価値観を共有していることは、大きな安心感につながります。職場の人間関係においても、働く意味や仕事に対する価値を共有できる一定水準以上の能力を持ったメンバーが集まれば、高い成果を上げることができるでしょう。

一方で、**「一体感願望」が満たされないことによって、寂しさや悲しさ、イライラする感情などが生まれてきます**。家族や友人と「わかり合えていない」「心が通い合っていない」と感じるときには、とても寂しく虚しい気持ちになります。

部下や後輩たちと大きな価値観のギャップを感じる、思うように動いてくれない、成果も上がってこないとなると、焦りやイラだちから眉間にしわを寄せてしまうことでしょう。

実際には、ほとんどの人間関係は、「一体感」で満たされている理想の状態ではないはずです。

つまり、「わかり合えない」という人間関係におけるもっとも大きな苦しみは、この

「一体感願望」が叶わないことから生み出されるのです。

この「わかってほしい」「同じように感じてほしい」という願望がなければ、相手に対して「同じように考えることも、感じることも期待しない」「わかり合いたい、こうあってほしいという期待をしない」関係になります。きっと常に淡々と、飄々《ひょうひょう》としていられるはずです。

しかし、他人に何の期待も持たないことほど寂しいことはありません。「家族や職場の人には何の期待もしない」という自分を想像してみてください。きっと「心寒い」姿が見えるはずです。

「以心伝心」「打てば響く、阿吽の呼吸」を期待することは、決して悪いことではありません。それは充実した人生を送るための、人間関係における大切な要素でもあります。

しかし重要なことは、他人とわかり合う一体感を持つためにはどのようなプロセスをたどるべきなのかということなのです。

「なぜわかってくれないの？」では一生解決しない

「わかり合えない」苦しみから解放されるためには、**「自分がどれだけ相手のことを理解しているのか」をまず考える**ということが大切です。

私たちは相手とわかり合いたいばかりに、「相手がどれだけ私のことを理解してくれているのか」ということを先に考えがちです。

しかし、相手のことを理解しようとせず、「私のことは理解してよ」では話にならないのです。そういう人のことを「一体感の押しつけ屋」と言います。

私の担当しているカウンセリング・スクールでは、卒業レポートとして、「身近な人をカウンセリングする」という課題があります。

カウンセリングの対象を、妻・夫・子ども・両親などの家族や、親友・部下・後輩などにするというルールを設けているのですが、実際やってみると、生活や仕事などの人生で大切なものを共有する相手だけに、冷静に聴くことが難しくなります。

このカウンセリングのプロセスで、ほとんどの卒業生はいままでにない体験をすることになります。

「夫が仕事でどれだけプレッシャーを感じていたか、初めてわかりました。家族に対する温かい思いも聴けて、本当に充実した時間となりました」

「妻の子育てに対する不安がここまで大きいものとは知りませんでした。夫として父親として援助できることにいま気づけて本当によかったです」

「部下なりに、仕事への思いは熱いものを持ってくれていたようです。それを聴かずして、指示命令をしていたことを恥ずかしく思います。でもこれからのチームワークに期待が持てました」

このような、まず**理解するという体験を通じて、夫婦の関係、両親との関係、職場の人間関係が大きく前進する**のです。

「何度言ってもアイツは理解しない」「あの人は何回言っても変わらない」と言って、他人と関わることに疲れてしまっている人は、本当は何回伝えたのでしょう。わかり合えているという関係は、すぐに築けるものではありません。何百回、何千回、何万回のコミュニケーションを通じて、ようやく生まれる感覚なのです。

そのためにはまず、「聴いて、聴いて、聴いて」、そのあとに、「伝えて、伝えて、伝えて」というめんどうくさいプロセスをどれだけ踏めるかです。

松下幸之助が自社の管理職研修で、新任課長へ毎回伝えたのは次のようなことでした。

「あんたらこれから課長になりはるんか。たいへんなことやけど、がんばってや。ええか、管理職の仕事はな、同じことを何回も何回も言うのが仕事や。ええか、何回も何回も同じことを言うんや。何回も何回も言うんやで。それでも10％も伝わったらええほうや。そしたら100％伝えよう思ったら、1000％の熱意をもって伝えなあかんで」

「相手とわかり合う」には、あせらず粘り強く接する必要があるということなのでしょう。

「ダメな自分と思われたくない病」から卒業する

他人の理想を追いかけるとつらくなる

人間関係で疲れる人たちのよくあるパターンに、「他人の目をたいへん気にすること」があります。**「悪く思われたくない」「嫌われたくない」**という気持ちにつながっていく感覚です。これはふつうの人であれば、誰でもある程度は持っている感覚です。

しかし、この感覚が強すぎると、「誰からも嫌われてはいけない」という観念に膨らみ、言いたいことが言えなくなり、自由に振る舞えなくなります。そうすると、**自分で自分の言動を制限し、萎縮し疲れていくことにもつながっていきます。**

「他人に安心して心を開けない」「ありのままの自分を表現できない」、そして「自分を好きになれない」つらさを抱えている人たちの、悩みの原因はここにあります。

そこからわかることは、

- **みんなから好かれたい**
- **みんなから愛されたい**

という心の奥にある気持ちです。それがより強迫的になると、「誰からも好かれ、愛されなければならない」という観念になります。

心理コンサルタントの仕事をしていると、このような人によく出会います。よくよく話を聞いてみると、「幼いころから愛情を受けていない思い」が強い人がたいへん多いものです。

もちろん、本人の頭の中に、「誰からも好かれ、愛されなければならない」という意識がいつもあるわけではありません。ぼんやりと感覚的に持っている思いです。

その観念はまるで、心の深いところから来るようなもので、はっきりと自覚していないだけに気持ちの悪いものです。お腹のちょうど胃のあたりが、どんよりと重く感じられ、妙に寂しく、悲しい気分になります。

そしてこの感覚は、自信満々で自分のことが好きな人と出会ったときや、そのような人と一緒に過ごしているときにやって来ます。世の中にとって、自分がいかにちっぽけな存在で、いてもいなくても何ら問題なく、誰からも「必要で大切だ」と思われていない気がしてくるのです。

認めてくれるのが親とはかぎらない

勉強やスポーツで抜きんでた成績を収めたことがなくて、両親からたいしてほめられたこともなく、あまり愛されていない気がするという人もいらっしゃるでしょう。

しかし、よく考えてみると、勉強もスポーツもよくできて異性からもモテモテで、両親にいつもほめられて育った人がどれほどいるでしょうか。

もちろんたくさんの人に認められ、好かれ、愛されるにこしたことはないでしょう。

たくさんの愛情を受けることは、すばらしいことです。

でも、本当は、たった一人の人に好かれ、愛されるだけでも十分に心が満たされます。

「多くの人に認められ、好かれなければならない」「多くの人に愛されなければ、自分には価値がない」というのは、思い込みなのです。

多くの人にほめられたり、すばらしい結果を出さないと自分に価値がないと思っている人の多くは、認められるために相当がんばらないといけないという思いを無意識で持っています。そして、必死にがんばるのですが、結局空回りをして余計に落ち込んで疲れてしまうことが多いものです。

「愛されている」という感覚をなかなか持てない人がいるのは事実です。

でも、**自分の価値を認めていないのは本当は自分自身なのではないでしょうか。**

「愛されている」という感覚を持つことがむずかしいのなら、まずは自分ができていること、役に立てていること、能力の高い部分、身につけてきた技術などをよく思い出してください。だれにでも優れていることが必ずあります。

本当はすばらしいものを持っている人でも、驚くほど自己評価が低く、自信が持てない人がいます。そのような人は**欠点ばかりに目を向けて直そうとするあまりに、自**

分の優れたところが見えておらず、知らないだけなのです。

よいところを自分で認識できていないなら、親しい友人や同僚に尋ねてみることをおすすめします。あなたの友人は、あなた以上に、あなたのよいところを知っているはずです。

または、ボランティアをしてみるのもいいでしょう。あなたの働きかけによって喜んでくれる人が出てきます。そのときに「自分は誰かの役に立てる、誰かを助けることもできる、人の笑顔を引き出せる尊い存在なのだ」という、自己肯定感が持てるはずです。それが「自信（自己信頼感）」に結び付いていくのです。

自分が本当に「したいこと」を思い出す

他人目線で努力していませんか？

「他人から嫌われてはいけない」「好かれないと価値がない」という思い込みを持っている人は、無理をしていい人を演じることで、結局自分を傷つけてしまいます。「他人からどう見られるか」ばかりを気にしすぎて、**「自分はどうありたいのか」という、自分の重要性をおろそかにする**からです。

いい人を演じ続け、他人からの評価ばかり気にかけていても疲れるばかりです。それは、「嫌われてはいけない」「好かれなければならない」という、**「〜ねばならない」**

の世界で生きているので、強迫観念を持ち続けることになるからです。

強迫観念を抱えながら〝いい人〟を演じている自分を、「大切な存在だ」などとは思えません。**人がイキイキと輝いているのは、「～したい」という世界で生きているとき**です。「～したい」の世界にいるときは、他人の評価におびえることもなく、主体的に生きて前進しているエネルギーを感じることができるからです。「～したい」が向かう先が、「人の笑顔を生み出したい」「人に喜びを提供したい」「誰かを幸せにしたい」というものであるなら、いい人なんか演じなくても自分の重要性を感じ、自尊心を持てるようになります。

責めてしまう自分から自由になれた瞬間

私は20代の後半、副業として神戸の三宮でレストランバーのマスターをしていたことがあります。

常連客の一人に、当時20歳の青年がいました。

彼はプロのテニスプレーヤーで、身長は１８７センチのスラっとしたスタイル。アメリカ人の父親と、日本人の母親の間に生まれたハーフです。それはそれは男前で、礼儀正しく気持ちのいい青年でした。

店が暇なある日のこと。しばらく店に来られないと彼が言うので、海外遠征にでも行くのかと聞くと、ボランティアに行くと言うのです。

彼は特別養護老人ホームで、汚れたオムツを洗うボランティアを定期的にしていました。

彼は両親の顔を知りません。幼いときにどうしようもない事情があって両親が離婚し、そこから祖母に育てられたそうです。

彼は一呼吸おいて次のように教えてくれました。

「僕はどうしようもなかった、ということを頭では理解しているつもりなんです。でもね、自分に対する否定感が心からわき上がってくるようなときがあるのです。それは、『おまえは愛されなかった』『おまえは必要とされなかった』『だからおまえは引きとられなかった』『おまえは存在しなくてもよかった』という感覚です」

そのような気持ちで胸がいっぱいになると、周囲の人にお願いをして休業し、ボランティアに出かけるそうです。

彼がオムツを洗っていると、施設の職員さんやおじいちゃん、おばあちゃんが声をかけ、再び会えたことを喜んでくれる。人に心を開くのが苦手だった彼は、そんな時間を過ごすことで、自分をとり戻し、テニスに戻ることができるのだそうです。

「僕の心の奥から小さな声が聞こえるんです。『愛されなかった、求められなかった、必要とされなかったおまえでも、こうして誰かの役に立てる。誰かを幸せにできる』って」

だからボランティアのお手伝いは、誰かのためにやっているのではなく、誰かが幸せになってくれる姿を見て、彼が自分自身の存在価値を感じられるようになる。彼自身のためにしているということなのです。

私自身は30歳前にして、ようやくボランティアの意味を知ることになりました。

東日本大震災のあと、全国の刑務所から合計17億円の義援金が東北に送られました（２０１１年９月ごろの報道による）。

「自分が困っている人に何かできることが、たまらないぐらいにうれしいんです」と一人の受刑者がインタビューに答えていた様子が印象的でした。「震災後、表情が変わった受刑者が多く見られます。生きる意欲がわいてきたようです」と刑務官も答えていました。

自分から「手をさしのべる人」になる

「嫌われたくない」という自我の囚われから解放されるのは、**「他人の喜びや幸せは、自分自身の幸せにつながる」と、自発的に他人の幸せを願えたとき、そしてそれを実感できたとき**です。

人の顔色を気にする受け身の「いい人」を演じても、自分を傷つけることになりかねません。

本当の「いい人」とは、**黙って誰かを助け、その人が幸せになることを静かに見守る人**です。そして、**幸せになった人の笑顔を見て、自分が豊かになることを知っている人**のことなのです。

あなたにとって一番大切な人を思い浮かべてください。家族でもいいし、友人や会社の同僚でもいいでしょう。

その人が落ち込んでいたら、そばに行って話を聴いてあげてください。相手のいいところを見つけて、それを伝えてあげてください。うまくいったことがあったときには、一緒に喜んであげてください。
そして、たった一人でもいいから、その人を幸せにしてあげてください。
そうすると、その人がいるだけで、あなたも幸せになるのです。

不安になるのは自意識過剰なとき

悩むときは「自意識過剰」な状態

そもそも悩みやすい人は**「自意識過剰」な状態**になっていることが多いものです。

これは〝自我〟が旺盛な状態と言い換えることができます。

自我とは、「自分という意識」のことです。これは、他の動物にはありません。このように提唱できるのも人間ならではです。

自我は「自分を見つめる心の目」のようなもので、おしゃれを楽しんだり、スポーツでいい結果を出すためにがんばるなど、向上心の素にもなります。

そして、新しいアイデアを生み出して、世の中に役立つような発明をし、創造性を発揮している自分を楽しむことも自我がかかわっています。人類の進化発展は、この自我があってこそ、と言えるでしょう。

しかし、その自我を持つがゆえに苦しみ、悩むのが人間でもあります。

まず自我は「いま、ここにいる自分」という**「時間観念」**を生み出します。

この「時間観念」は、悩みの大きな原因になるのです。

- 明日のプレゼンはうまくいくかな
- リストラの対象にならないだろうか
- 将来自分はちゃんと働けるかな
- あのときどうして断れなかったのだろう
- 勢いで会社を辞めなければよかった
- あのときのミスのせいでうまくいかないんだ

という**未来や過去に対する不安は、「時間観念」があるからこそひき起こされる**のです。

そして自我は、**自分と他人という「区別をする意識」**でもあります。

「わたし」という意識が働くから、「あなた」という別の存在が認識できます。

そうすると、「私の意見と、あなたの意見は違う」という、**意見の食い違いが起こる**わけです。


私たち人間は、人間関係で大いに悩み、環境破壊を起こし、未来をうれいます。

それは、

- **私の意見を通したい**
- **私の価値観を優先してほしい**
- **私の得になることだけしたい**
- **私の幸せを最優先にしたい**
- **楽に生活できるように便利にしたい**
- **ぜいたくな暮らしをしたい**

●森林を伐採してでも街をつくりたい

という、他人や環境を後回しにしてでも自分が一番でありたい自我の仕業なのです。

この自我が働くからこそ、傷つきますし、イライラもするわけです。

ネコや犬は悩みません。それは「時間観念」がないからです。

また、イルカはパートナーや仲間同士で、喧嘩も環境破壊も決してしないそうです。

「わたしとあなた」という自我がなく、感覚的には「わたしはあなた」「あなたはわたし」となるからです。また、「わたしは、(自然)環境」「(自然)環境は、わたし」という、自我がないからこそ生み出される感覚によるものです。

他人の言うことにいちいち反応しないコツ

幸せを感じるセンサーを強くする

逆に言えば、相手から出たイヤな言葉や、目の前で起こっているイヤなことを、**自分という壁で受け止めなければ、そんなに傷ついたり、イライラすることもありません。**それらが自分を素通りしていくような感覚でとらえてみるといいでしょう。自分がかぎりなく透明になって、すり抜けさせていくイメージです。

つまり、いったん**「他人ごと」**にしてしまうことです。いちいち自我で、ドンと受け止めるからショックが大きいのです。

とても都合のいいおめでたい方法ですが、心の強い人たちがしている〝最強〟になる方法です。

逆に、**小さな成功や、身近な人からの感謝の言葉のように、いいことは自我でしっかりと受け止めて吸収してください。**

ちなみに、次に紹介する大阪のおばちゃんも、もれなくこの方法を使っています。

大阪のおばちゃんは最強

私は関西生まれの関西育ちですが、その関西人が見ていても「大阪のおばちゃんは強い！」と思います。

子どものころに祖母の用事について行っ

て、大阪の地下鉄に乗ることがありました。地下鉄・御堂筋《みどうすじ》線は、大阪の地下鉄で最も乗車数の多い路線です。電車の到着間際になると、どこからかおばちゃんが現れて列の前のほうににじり寄ってきます。

そして電車が到着しドアが開いた瞬間、ものすごいスピードであいている席にダッシュします。自分の席を確保するとともに、「○○さーん、ここの席あいてるで～」と、友人の席も自分のバッグを置いて確保します。

しかも並んでいる列には横入り、人目をはばからずの猛ダッシュ。あのすばやい動きはアスリートなみです。

他の乗客をバッグでブロックしてまで友

人の席を確保するさまに、みんなあっけにとられてしまいますが、他の乗客は「もう！しゃあないなあ」という感じなのです。

あのオバちゃんたちは、「人からどう思われるか」なんてことはまるで考えていないでしょう。「嫌われたらどうしよう」とか、「変に思われたらどうしよう」なんてことで悩むことはなさそうです。だから最強なのです！

なぜ、これだけの心の強さがあるのでしょうか。

それは、「私は子どもを生んで育てたし、お天道《てんと》さんに向かって恥ずかしいこともしてへんで。誰が何と言おうが、ちゃんと生きてるんや」という、**ごく当たり前のことをして、当たり前に生きていることを誇りにしている**のです。

そして、「家族が元気でそこそこ仲もいいんやし、誰が何と言おうがそんなん知らんがな」という最強の精神です。

あなたを縛る「思い込み」に気づこう

人間関係によくあるストレスは、まさしく「疑心暗鬼」による産物でしょう。

・あの人は、きっと私のことを嫌っている
・あの人はどうせ、腹の中では自分の利益だけを考えているんだろう
・きっと私のことを、友人のいない寂しい人と思っているんだろう
・上司に意見できない俺を、どうせバカにしているんだろう

疑心暗鬼になる理由はなんといっても、このような**勝手な思い込みから生じる不安**です。そしてその不安は、また勝手な思い込みによって増幅され、より大きな不安へと成長していきます。

それはどこかで「ただの思い込みであった」「実際はそうではなかった」ことが証明されるまで、成長し続けることになります。

そして人間関係における疑心暗鬼は、こちらが不安を抱く相手とのコミュニケーションに恐怖を感じさせ、さらに勝手な思い込みを増幅させていくというシステムにハマり込むのです。

これは「疑心暗鬼」にまつわる、中国のお話です。

斧をなくした者がいました。

「隣の息子がどうも怪しいぞ」とその人は疑っていました。最近、隣の息子の歩く様子はあきらかに不自然なのです。

出会ったときの視線もいままでと違うし、顔色もおかしい。話していても不自然な感じがするし、会話もあっさりしていて話題も単調になっていました。そう思ってみると日常の動作や態度がすべて怪しいのです。何か隠し事をしているのは間違いありません。

ところがある日、近くの谷間で斧を見つけました。

よく考えてみると、自分がそこに置き忘れていたのでした。

斧を見つけた帰り道に、隣の息子と会って話をしてみても、まったく怪しげな様子は感じられませんでした。そしてそれ以降も、彼の様子に不自然な感じはまったくありませんでした。

このエピソードは、日ごろの私たちに妙に当てはまるのではないでしょうか。

第3章

疲れない人間関係をつくる大人の接し方

気まずい空気をつくる人がやりがちなこと

誰もあなたの言うことを気にしていない

コミュニケーションに疲れを感じてしまう人は、軽い対人恐怖症であることがほとんどです。このような人の特徴は、**相手に話しかける前から疑心暗鬼になっていることです。**

- **いま話しかけると迷惑かもしれない**
- **厚かましいヤツだと思われるかもしれない**

- **変なことを言うヤツだと思われるかもしれない**
- **好感を持たれる言葉で話しかけないと……**

と、頭の中は〝変に思われないように〟〝嫌われないように〟という思いで一杯一杯なのです。

しかし実際は、あなたが思っているほど誰もあなたのことを気にしていません！完全に自意識過剰なのです。まったくの疑心暗鬼です。

話さなければどんどん気まずくなる

そして気まずい関係ができるのは、大変な出来事があったからではありません。その出来事の後に**会話が減るからできる**のです。

話さないと人間関係の溝はどんどん深くなります。さらに疑心暗鬼になり、不安や恐怖を増幅させ、ストレスをため込んでいきます。この悪循環は、コミュニケーション環境が改善されないかぎり続きます。

特にあなたが一緒にいて疲れる人、その中でも怖くて苦手な人にはこの傾向が強いはずです。

疑心暗鬼でいると、

❶ 怖いから話さなくなる
❷「自分のことを嫌っているのではないか」と疑心暗鬼になる
❸ 怖い想像が膨らんで話せなくなる
❹ 近づきたくなくなる

という図式で溝ができるのです。

たとえば、クラブ活動を辞めた子どもに、言葉をかけるのを躊躇《ちゅうちょ》していたら、気がつくと不良グループに入っていたという親子関係の溝。

夫婦ゲンカをしてしばらく朝の挨拶をせずにいたら、話さなくなったという夫婦関係の溝。

会社に「成果主義」を色濃く反映させたことにより、個人主義的な風土になり離職率が高まったという会社の人間関係の溝。

これらはすべて会話不足によるものです。

「話しても怖い」「話さなくても怖い。でも話さないともっと怖くなる」のであれば、疑心暗鬼になる前に、相手に玉砕覚悟で突っ込んで接してみるほうが精神衛生上、まだいいと言えます。

疲れない関係は「気軽さ」からはじまる

「ひと言」の積み重ねが人間関係

ただし、高いレベルのコミュニケーションをたくさんとれ、ということではありません。「私は口下手で……」という人も安心してください。

コミュニケーションを円滑にとっている人たちの共通点は、**「すぐ話しかけている」**ことです。相手が何をしている最中でも、まったく気にせずに話しかけています。

そして、このような人たちはシャレた会話などしていません。めちゃくちゃおもしろいジョークを飛ばして相手を抱腹絶倒させ、絶賛されているわけでもありません。ただ**「気軽なひと言をかけている」**だけです。

たとえば、交流会やパーティーに参加して誰も知りあいがいない場合でも、「こういう場所で知り合いがいないと緊張しますよね」など、**感じているままを表現して話しかけています**。それは相手も同じく感じていることですから、共感を呼ぶのです。

あるいは同僚が仕事でアタフタしているときなどには「手伝いが必要ならひと言声をかけてね」と伝えることで、相手の心が少し温かくなり冷静さを取り戻すことにつながるでしょう。

話しかけたとき相手がとり込み中であれば、「ごめん、ごめん。じゃあまたあとで」と言って、その場を離れます。すると、手の空いた相手が逆にやって来て、「さっきは何だったの?」と会話が始まるわけです。

「気軽なひと言」だから、相手だって気軽に話を返してくれます。そこから「気軽な会話」へと入って、だんだんと親しくなっていくのです。

吉田兼好が徒然草で唱えている「もの言わざるは、腹ふくるるわざなり」の通り、「話をしなければ、どんどん腹（胸）の中に言いたいことをため込んで、心にも体にもよろしくない」ということです。特に沈黙は、恐ろしい時間となるはずです。

まずは、「たったひと言」でいいので、相手にかまわずに声をかけてみることです。

そこから、へたくそな会話でいいので話をつないでいくようにするだけで、りっぱな「親しい会話」になるはずです。

そして、あなたが気になっていること、聞きたかったけれど聞き逃していたことなどを会話に入れていくだけでいいのです。

雑談はくだらないおしゃべりではない

「カーネギー・ホール」を建てた、鉄鋼王アンドリュー・カーネギーは、実業家として大成功を収めました。莫大な財産を築き、後に慈善家として活動した人でもあります。

彼の墓標には「自分より賢きものを近づける術知りたる者、ここに眠る」とあります。

自分の偉大さを示すのではなく、「周りにいた能力のある人、すばらしい人の協力があったからこそ、人生は豊かだったのだ」という、彼の人生において出会った人たちを称賛する言葉を墓標にしているのです。

彼の名言の一つに、**「雑談を嫌うな」**というシンプルなメッセージがあります。彼のいう雑談は「くだらないおしゃべり」のことではありません。

雑談とは**「朝の挨拶を明るく交わし、相手の家族の様子を聴いてあげ、疑問があれば尋ねて、相手の意見に耳を傾け、自分の考えを丁寧に伝える」**ということなのです。

対人恐怖にならず、朝の挨拶を明るく交わし、ごく簡単な会話のやりとりを継続すれば疑心暗鬼にはなりません。そして、心を開いた相手に協力を呼びかければ、自分のサポーターがどんどん増えていくわけです。

彼に限らず、成功者の共通点は、並外れた才能を生まれ持ったわけではなく、協力者がとても多かったということです。そして、すべての成功者が実行していたことは、レベルの高い流暢なコミュニケーションではなく、素朴な「ひと言」の積み重ねを大切にしていたことなのです。

「ひと言」を言う勇気を持つ

疲れる関係ができあがるとき

生きていると、相手に対して意地を張ってしまい**「ひと言」**が言えなくなり、ちょっとしたことで人間関係がこじれて疲れてしまうことがあります。

たとえば、夫婦喧嘩をした翌朝、険悪な空気が朝の食卓に流れていたとします。それでもどちらからともなく、「おはよう」のひと言が出れば、昨夜の決着がつかなくても険悪な空気は終息していきます。「おはよう」のひと言が言えない夫婦は、険悪な空気のまま、何日か、何週間かを過ごすことになります。それは互いに**くだらない意地を張っているから**です。

おそらくは心の中で、「くそー、俺は悪くないぞ。間違っているのはあいつなんだから。あやまってなんかやるものか。機嫌とって挨拶なんかしてやるものか」なんて思っているはずです。「負けてなんかやるものか」という、子どもじみた勝負をしているわけです。

誰にでも自分を正当化したいという思いはあるものです。それは当然のことかもしれません。「自分にも非があった」と認めるのは、プライドが傷つきます。

しかし、そのちっぽけなプライドを守るために意地を張って、家庭や職場の空気を険悪なものにするのであれば、考え直してみる必要があります。相手もイヤな空気を吸い続けるのはつらいでしょうし、あなた自身も同じ空気を吸い続けることになるわけです。

そもそも、意地を張って勝負に出ても、何の意味もありません。仮に勝ったとしても、自分の幼稚さにどこかで嫌気がさすはずです。相手との関係がよくなるはずもありません。大人の対応をした相手からすると、子どもじみたあなたを冷めた目で見ているかもしれません。

人間関係において、勝負に出て勝利して幸せになることはありません。勝てば勝つごとに、人が離れて行って孤独になるばかりです。**ちっぽけなプライドを守るために、相手を攻撃したとしても、収穫など何もない**わけです。

大切なのはテクニックより「素直さ」

企業のリーダークラスの人たちは、会社から用意されたコミュニケーションに関する研修会に参加し、2、3日間のトレーニングを受けて現場に戻ります。

そしていざ、学んできたコーチングやカウンセリングのテクニックを部下や後輩に使ってみるのですが……。

失礼かもしれませんが、彼らは見事にスベッています！

「ぎこちない」「わざとらしい」「慣れていない」などの理由も考えられるのですが、部下や後輩からすると、ただひと言**「信じられない」**のです。いままでさんざん意地を張り続けてきた人が、研修から帰ってきたある日突然、話し合おうなんて言うことを信じられないわけです。

それは、「うまく動かしてやろう」という魂胆が見え見えだからです。

コミュニケーションに関して、心理学の理論や手法を学ぶ人が急激に増えています。しかし、かえってコミュニケーションが下手になっている人のほうが多いような印象を受けます。それは、自分に少しでも非があれば、**「ごめんね」と言える素直さが欠けているから**ではないでしょうか。そして、相手が未熟な部下・後輩であっても、**「ありがとう」と言える感謝の気持ちが欠けているから**ではないでしょうか。

「ありがとう」「ごめんね」と言える素直な心がなければ、理論もテクニックも通用はしません。

あなたがもし人間関係で困っているのなら、それは相手のせいばかりではないのかもしれません。自分を正当化するために、そしてちっぽけなプライドを守るために、意地を張り優位に立とうとしていないか、確かめてみる必要があるでしょう。

自分も相手も疲れない気持ちの伝え方

独りよがりな考えは誰にも理解されない

「素直でなければ、人間関係はうまくいかない」と述べましたが、素直とはいったいどのような気持ちや状態なのでしょうか。

まず、そのことがわからない人のほうが多いはずです。

たとえば、あなたから見てまだ知識・技術とも未熟な後輩がいるとします。彼に仕事を依頼しましたが、案の定あなたが期待をした結果が出ませんでした。彼は同じような内容の仕事を、いままでに幾度か経験しているはずです。

イライラしたあなたは、「何度やったらできるようになるんだ！　やる気はあるのか！」と思わず叫んでしまいます。

後輩は黙ってうつむいたままです。あなたに叱られたことにショックを受けているのか、反省しているのか、受け流しているだけなのか、固まったまま動きません。

その様子にあなたはさらにイラだち、「ボーっとするな！　わかってんのかよ！」と声を荒げてしまいました。そのあとは何とも言えない空気が職場に漂い、他のメンバーとあなた自身の間に後味の悪い思いが残ってしまいました。

さて、このときのあなたの素直な気持ちは何だったのでしょう。

❶自分の思うように仕事ができない後輩がムカツク。
❷成果を上げないと、自分の評価が下がるかもしれないという不安。
❸くり返し指導をする時間的・精神的余裕がないので困る。
❹他のメンバーに迷惑がかかるかもしれないという心配。
❺いいチームワークで高い成果を出せる職場にするという、理想に近づかないこと

に対する焦り。

もしかすると、❶～❺までの全部が、あなたの正直な気持ちかもしれませんね。

❶の気持ちは、イライラした感情を後輩にぶつけ、攻撃することによって、憂さ晴らしをしています。

❷の気持ちは、あなたの保身です。そんなとき、あなたのために「がんばろう」という人はまずいません。

もしこれら、❶❷の気持ちがあなたの腹の底にあるのなら、ただちに直したほうがいいでしょう。いくら素直な気持ちだからと言って、①や②の気持ちをそのまま伝えても、相手と関係がよくなることはありません。

これは職場の人間関係だけではなく、家族との関係や、それ以外のプライベートの関係もすべて含めて言えることです。

「感情の憂さ晴らし」「保身（メンツのため）」などが腹の底にあるとしたなら、必ずそれはあなたから漏れ出し、悪臭を放つことでしょう。その悪臭は当然、相手の鼻をつくことになります。尊敬も信頼も得ることができない上司・先輩は、悪臭を放っています。「イヤーな臭い」がするのです。

目的・目標がわかる「相手本位」の伝え方にする

それに比べて、さきほどの❸～❺は素直な気持ちの中でも、個人的な感情の発散でもなければ、保身でもありません。

職場や他のメンバーに対する影響にまつわる、**「相手本位」「仕事本位」の本音**です。

次のように相手をフォローするのであれば、誰でも理解できて納得も得られます。

❸「くり返し教えてあげられる余裕がなくて、申し訳なかったね。今回のことを活かして、ぜひ次回からはこの仕事を完璧に終わらせてね」

❹「知っての通り、少人数で目標達成しなければならない状況だから、君にも大きな戦力になってほしい。他のメンバーの負担を少しでも減らして、皆が活躍できるようにしたいんだ」

❺「いいチームワークで最高の仕事を創っていきたいんだ。まだまだ不慣れかもし

れないけれど、もちろん君もその大切なメンバーの一人だ。期待しているから、頼んだよ」

❻「わからなければいつでも質問してね。そうじゃないと、君が困ることになるからね。そのかわりメモをしっかりとって、一回でマスターしてね」

少し照れくさくて、こそばゆい感じがしますか。

でもこの、❸〜❻があなたの正直な気持ちであれば伝えるべきでしょう。

「そんなに長々とは言えない」という声も聞こえてきそうですが、カーネギーの言葉「雑談を嫌うな」を思い出してください。

あなたが、

・何を感じているのか

・何を心配しているのか

・何を目指そうとしているのか

・相手をどのように見ているのか

を伝えないかぎりは、どれだけ怒鳴りつけても何の変化も期待できないでしょう。

しかもその内容は、仕事本位で公平で、相手を尊重していなければ納得は得られません。

しかし、このような会話をしたからといって、完全に問題が解決するわけではなく、そのあとも、何度でも話さなければならないこともあります。

さきほどの、松下幸之助の言葉を思い出してください。

「ええか、何回も何回も同じことを言うんやで。何回も何回もやで。何回も何回も同じことを言うんや……」

相手のＤＮＡに刻み込むような気持ちを持って伝えるのです。

自分が傷つかずに「感情的な人」と接する方法

感情的な言葉で攻撃されたら……

さて、次に問題になるのが、相手があなたに自分本位の感情的な言葉をぶつけてきたときにはどう対処するのかということです。

たとえば、

「おい、いつまで一つの仕事にかかってるんだよ！　ダラダラ仕事をするな」

「このままの成績では、来期の君の居場所がここにはなくなるかもしれないと心配しているんだよ」

など、明らかにイライラの感情の発散や、「君のため」と言いながらも自己保身から発せられる言葉への対処方法です。

このような攻撃や自己保身から出てくる言葉をまともに受けると誰でも傷つきます。しかし、ここで腹を立てたり、落ち込んだりしてしまうと、「やっぱり自分はダメなんだ」という、私はＯＫではないというスタンスに陥ってしまいます。あるいは「あの人は自分本位なずるい人だ」という相手はＯＫではないスタンスを固めてしまいます。

これらのＯＫではないというスタンスは、落ち込みとイラだちという、いずれにしてもあなたを苦しめる結果になります。

この場合は、

「テクニカルなトラブルで時間を要してしまいました。予定より遅れて**申し訳ありません**。最短で仕上げるように**努力します**」

「ご心配いただき**ありがとうございます**。来期の成果を達成できるように**精一杯努めます**。そこでなのですが、成果を上げられるような**トレーニングを受けさせていただけないでしょうか**」

というように、詫びながらもあなたに**言いたいことがあるなら主張する**ことです。あるいは、相手に感謝し自分の非を認めながらも、自分が**成長するための援助を正当にお願いしてみること**です。

これらの言動には、あなたと相手に対して「ＯＫである」あるいは、「ＯＫになるために」というスタンスが背景にありますから、落ち込みやイラだちの感情からあなた自身を守ることができます。

それでも、「自分本位の言葉」をぶつけてくる人は後を絶ちませんが、「私はＯＫである」というスタンスを保ち言動することによって、相手に謝るにしても、感謝するにしても、また提案や自己主張をするにしても、あなたも相手も傷つけないコミュニケーションが可能になります。

誰とでもいい関係をつくる大切なポイント

観察すると心を開くキー・ポイントが見える

コミュニケーションの意識を自分本位から相手本位に切り替えると、**「丁寧に伝え」「慎重に聴き」「確認をとる」**ことになり、お互いの関係が大きく改善されます。

相手を観察する機会が大幅に増え、いままでは見えなかった、相手の心を開くキー・ポイントが見えてくるようになるのです。

相手本位という意識ですから、

・いつ話しかけると、一番集中して聞いてくれるか
・どのような表情やしぐさで聞けば、相手が話しやすいか
・どんなことを言われたら嫌がるのか
・どんなことを言われたら喜ぶのか

ということもわかるようになってきます。

自分の常識は他人に通用しない

私たちは、コミュニケーションを自分本位に捉えがちです。

「言ったじゃないか！」「そんなことは聞いていません」というやりとりが象徴しています。あなたもこのように言われたことがあるのではないでしょうか。あるいは、あなたも使う言葉かもしれません。

「言ったじゃないか！」という言葉の裏には「自分の言ったことは絶対に相手が聞いていて、理解納得しているはずだ」という気持ちがあるかもしれません。まったくの

自分本位ですね。

「そんなことは聞いていません」というのは「聞いていないんだから、こちらに責任なんてない。どうせ言ったつもりでいるだけで、言い忘れたのだろう」と伝えたいのでしょう。これもやはり自分本位です。


自分本位の人たちのコミュニケーションは不安定で、人間関係のトラブルを起こしやすいものです。コミュニケーションは、相手本位でなければ気持ちのいい人間関係を築くことはできません。

トラブルが起こったときは、相手のせいにして責任をなすりつけるのではなく、**「自分の言ったことを、彼が（彼女が）理解で**

きていたか」という視点が不可欠です。

「そんなこと聞いていません」と、責任逃れするのではなく、「相手が言ったことを、うわの空で聞けていなかったのかもしれない」という視点です。

そんなときは感情的になって反発するのではなく、「では、もう一度聞かせてください」と素直に言えばいいのです。

本音で付き合える「いい空気」のつくり方

苦手な相手はこうして操る

あなたが疲れない人間関係をつくっていくためには、**相手がいまどのような状態で、どのような心境なのか**ということを考えながら対応することも一つのポイントです。

これをすることで、コミュニケーションがうまくいき自分も楽になります。

たとえば、せっかちな人やいつも忙しく動き回っている人であれば、同じことをくり返して説明したくないはずですから、

・メモをとりながら話を聴く

・重要と感じたポイントは、相手の言った言葉を一部くり返して確認をとる

など、相手が安心し心地よく感じるであろう対応をとることです。これらはすなわち、**相手に安心感を与える**ということです。

相手本位の目で見て、よく観察していくと、不思議なことに、呼吸の速さ（リズム）が同調してきます。そして、話す速度、声のトーン、姿勢、仕草なども同調してきます。これらは、心理カウンセラーがカウンセリングで意識的に使う**「ペーシング」**という手法です。

人間は**「同じもの、似たものに安心感を持ち、心を開く」**という性質を持っています。短い時間で、安心感と信頼感をつくるにはたいへん効果的な手法です。

相手本位の目で、相手や周囲を見てみると、違う世界が見えてくるかもしれません。そしてそれは苦手な相手の心を開くキー・ポイントでもあるのです。

ほめられると誰だってうれしい

私たち人間は、誰でも本質的には「自尊心」を持った動物です。それは前に触れた自我と密接な関係があります。どんなに幼い子どもでも、90歳を超えたお年寄りでも、生きているかぎり自分のことが大切なのです。

自己嫌悪に陥り、「自分のことなんて大きらい！」と感じている人も、自分のことが大切なのです。「自分のことなんてどうでもいい」と思っているなら、自己嫌悪になんかになりはしないからです。

また、自尊心を満たしてくれる人には好意的に接するものです（返報制の法則：好意を受けると、同じように返したくなる）。

ですから、攻撃的な人や苦手な人にこそ**「あなたが優秀で、すばらしいところを持っていることを私は知っていますよ」というメッセージをさりげなく伝えてみる**ことです。感情的な人でも、自分のよさを認め尊重してくれる人には否定的な態度をとらないものです。

この、「自分は尊い存在である」という感覚が持てるからこそ、より一層成長しようという気持ちも生まれます。

これらのことは上司から部下、大人から子どもといった、上から下へのコミュニケーションだけではなく、下から上へのコミュニケーションにおいても大切です。部下が上司の優れているところ、感謝しているところを伝える。子どもが親に対して感謝の気持ちを伝えるような場面です。

「そんな、ゴマをするようなことはできない」と思いますか？

「ゴマをする」とは、うまく接することによって自分にメリットのある人だけによく思われるような態度をとることです。**年齢や立場に関係なく、誰にでも尊重する態度をとれば「ゴマをする」ことにはならないものです。**

最高のほめ言葉を言える人は強い

余談になりますが、山田洋次監督がインタビューに答えていた言葉が印象的でした。

彼は演技に関して大変こだわりを持ち、俳優・女優に対してとても厳しい要求を出す

ことで有名な監督です。彼は「どんなことを大切に考えながら、演技指導をするのですか？」という問いに対して、

「どこでほめようか、いつも考えています」

と答えているのです。この言葉には、雷に打たれたようなインパクトがありました。厳しい要求を出す中でも、彼は「この俳優はどこがすばらしいのか」「あの女優は、どの表情が一番きれいに映るのか」「どのように自分が関われば、さらにすばらしさを引き出すことができるのか」を、常に考えているわけです。

もちろん、監督は、そう易々とはほめません。おそらくは一本の映画を撮る、膨大な行程の中で、たった一度か二度ほどなのでしょう。

しかし、その瞬間のひと言は、**心の込もったひと言**であり、俳優・女優が最も自信を持てる表現で伝えられるのだと思います。

簡単にペラペラとほめろとは言いません。ほめるにしても、叱るにしても、その相

手に対して尊重と愛情、未来への期待がなければ、どのような言葉をかけようが無意味なのです。

「どこでほめようか、いつも考える」ことは、尊重と愛情、未来への期待の表れです。

だから叱ったときにも、その真意が相手には伝わります。

そして、ほめるのは1年に1回になったとしても、それでいいのです。その瞬間は、一番その相手が輝く言葉で、最高のタイミングで紡ぎだされる「ひと言」になるはずです。

第4章

人間関係で疲れない考え方のコツ

マイナスの感情に支配されない現実のとらえ方

「自分と相手だけの空間」から意識を離す

人間関係で悩んでいるときは、コミュニケーションについて書いてある本を読むというのが一般的かもしれません。それも、もちろん問題解決のヒントを得ることができるでしょう。

しかし、具体的な考え方を知識として入手し、効果的な言いまわしなどをなぞったとしても、まったく解決しないということが起こります。

なぜこのようなことが起こるのかというと、**悩みというものは「2次元の世界」で**

起こるものだからです。

２次元の世界とは、平面の世界のことです。私たちは、ふだん自分を中心としたその平面の世界を見ている状態なのです。自分の位置や周囲の配置、周囲との距離などが把握できていません。

第3章の中で、コミュニケーションを学べば学ぶほど、コミュニケーションが下手になっていく人たちについてお伝えしました。その人たちはまさしく2次元の世界に生きている人たちです。自分を中心に相手を見て、入手した新しい考え方やコミュニケーション・テクニックで相手をうまく変えてやろうというスタンスなのです。当然、自分の表情や相手の顔色、互いの距離感、適切なタイミングなどがまるで見えていないわけです。

そうすると、相手の気持ちを配慮せず、ぎこちないうわべの表現になり、思いが伝わらないのです。自分を含めて相手や周囲の状況を見て感じとれる心がそこにはありません。自分中心の、一杯一杯の状態なのです。

「俯瞰《ふかん》」という言葉があります。高いところから見下ろすという意味です。

ふだん私たちが見ている世界とは違い、**「広く全体を見渡し感じとる」**という意味でもあります。妙な例えかもしれませんが、「幽体離脱」したようなイメージで物事を見るということです。

何が言いたいのかというと、**人間関係において、２次元の世界で自分中心に相手を見ていても、問題やトラブルは解決できない**ということです。

ですから、コミュニケーションの理論やテクニックなどの小手先の方法では解決できないのです。状況がまったく見えていないからです。

この「状況」とは、**相手の表情**、**いまの気持ち**、**相手の立場**、**周囲の状態**、そして何よりも**自己中心的に世界を見ている自分自身**のことです。

俯瞰できるようになると、見える世界がまったく変わってくるということです。

離れた視点を持つと「状況」が見える

たとえば、トラブルが起きて上司に注意されているとき、自分の中のもう一人の自分がオフィスの天井までゆらゆらと上昇して、上司に注意されている自分の表情を眺めているのを想像してみます。

「私おびえてるし、戸惑ってるな」

次に、感情的になっている上司の顔を見てみましょう。

「怒ってる怒ってる。いつも通りだな。何回このシーンを経験してきたことやら」

周囲のメンバーにも目を向けてみます。

「うわー、居心地が悪そう」

どうしてこうなったのか、しばらく考えてみます。

「小さなミスだったけど、報告が遅れたからな。それに今日の上司は機嫌も悪いみたい」

いまの自分の対応でいいのかも考えてみます。

「まずは、真摯な態度で自分の非を認めて謝ろう」

どのように対応すれば効果的か考えてみます。

「関係部署の担当者にしっかりとお詫びして、協力をお願いしよう」

このように俯瞰を試みることによって、相手のイライラに衝撃を受け頭の中が真っ白になり、相手に振り回されていた状態から抜け出します。すると、少しずつ冷静に考えて対応することができるようになります。

感情を他人にぶつける人などは、自分が相手の冷静さを奪ったにもかかわらず、アタフタとする相手の反応を見てさらに感情的になっているのです。

あなたが俯瞰を試みて、少しずつでも冷静な思考や態度を持つことで、相手からのさらなるイライラを防止し、相手との関係性を変化させることにつなげることができます。

相手の言動の裏にある「本当の気持ち」を見守る

同じレベルにいるとイラだつ

人間関係のトラブルは、**「相手と自分が同じレベル」**だから起こるのです。

身近な例をあげてみると、親子喧嘩などはその典型でしょう。

「親と子ども」という関係ではありますが、喧嘩の真っ最中は「同じレベル」です。互いに感情的になり、目を吊り上げ、ひどい言葉で応戦します。本人たちは熱中しているので無自覚ですが、どれだけもっともらしいことを言ったとしても、結局は「どっちも、どっち」なのです。

いまから20年ほど前になりますが、テレビ番組の企画で、小学生の子ども１００人に親に望むことを聞いたアンケートがありました。

私は「お小遣いを上げてほしい」「ディズニーランドに連れて行ってほしい」「新しい自転車を買ってほしい」などの回答が上位にくると予想していたのですが、なんと1位の回答は「もうちょっと、大人になってほしい」でした！

たしかに、わが子と喧嘩をするときは、「親」という立場を忘れ、子ども同士のように感情をぶつけあっているわけですから、子どもから見ても「親」に見えるわけはありません。（まあ、家族ですからそんなものでいいと思いますが）。

相手の未熟さを、かつて自分も通った道だと受け入れ、辛抱強く見守ろうという、大人の意識と対応をすれば喧嘩になりません。

相手も、自分とは違う「落ち着いた」感情レベルで働きかけてくれるあなたを、「一段高いレベル」だと認識するのです。

違うレベルに視点を置いてみるだけで、人間関係のトラブルは一変することがあるのです。

願いを叶えられない〝何でも屋〟が必要とされる理由

以前ビジネスの交流会で、「どんなご要望にも応える何でも屋」という男性にお会いしたことがあります。

彼はどんな依頼にもチャレンジする姿勢を持っていたのですが、当たり前のように「ばあさんを生き返らせてくれ」「モテる男にしてくれ」「明日までに2000万円の借金を何とかしてくれ」「不老不死の薬を探してくれ」「妻が自分に優しくなるようにしてくれ」というような、とんでもない依頼まで来たそうです。

それでも彼は腹を立てることもなく、できなかったときは誠実に謝るという姿勢で仕事をしていました。もちろん、彼は宗教心でこのようなことをしていたわけでもありません。

彼はイヤがらせのような無理難題な依頼をしてくる顧客に対して、

「お客様が難題を言われる背景にはさまざまなものがあります。寂しさ、悔しさ、苦しみなど、独りでは乗り越えられそうにないもの。それは直接本人どうしで表現し合ったり、解決できないことが多いのでしょう。だから私のところに、間接的に依頼が来るのです。その依頼に全力でとり組み、応えようとすることで、お客様自身が救われ、独りではなくなるのです」

と言っていました。

もし彼が、「無理難題を言われても困る！」というような思いで顧客に対応をしていたら、おそらく顧客の悪意に飲み込まれ、彼の仕事人生は散々なものになっていたでしょう。そして、意地悪や悪意で依頼してきた顧客も、きっとそのあとも別の人に悪意を持って接し続けたでしょう。

しかし、彼はただ仕事をこなすだけではなく、**顧客が自分を必要としている本当の理由を考え、彼らの心の深い部分を満たすことができた**のです。

それは彼が**まったく違う視点で物事を受け止め、無理難題な依頼の奥にある本当の問題を見抜いたから**です。きっと彼に心の深い部分から癒され、その後の人生が変わった顧客も多いのではないでしょうか。

実際、再び彼に仕事の依頼をしてくる顧客がほとんどだそうです。顧客自身の人への接し方も善意あるものに変化したということなのでしょう。

そして何よりも、彼自身も豊かな人生と、仕事の本当の意味を実感し続けているのです。

彼は、「おかげさまでずいぶん多分野の勉強をさせていただき、腕が磨かれましたよ」というとても前向きな受け止め方で、宗教・人間関係・心理・死生観にまつわること、離婚調停・銀行との交渉術・闇社会との縁の切り方、イタチの習性、スズメバチの駆除方法、ガーデニング等々……さまざまなことを身につけていました。

彼はいまや、広い分野におけるスペシャリストです。

本当の幸せは視点を変えたときに気づく

本当の幸せに気づくとき

俯瞰という言葉を使いましたが、これは**「広い視点で物事を見ると世界が広がり、違う発想・新しい発見がある」**という意味も含んでいます。つまり、それまでの自分とは違う人間になることができるということです。

昨日まで悩んでいたとしても、ある視点に達することができると、その日からはもう悩まなくなります。

これは私が出会った末期ガンを宣告されたある男性の話です。

彼は数ヶ月間体調がすぐれない日々が続いたので、忙しい中時間をつくって検診を受けに行きました。そして後日受けた再検査の結果はすい臓ガン。転移もしている状態でした。若いので進行も早く、手術をしたとしても悪性腫瘍をすべてとり出せる可能性は低いという話です。

もし、手術を受けなければ余命は半年から1年程度。手術を受けたとしても、少し引き延ばせる程度だろうという状態でした。

彼は学生時代からスポーツマンで、数年前にはトライアスロンにもチャレンジしていました。もちろん、タバコを吸うこともなく、お酒も付き合い程度の量しか飲みません。勤勉で責任感も強く、道徳心を重んじる善良な男性でした。

彼の頭の中で「なぜ、自分が……」という思いが、何千回も巡りました。

彼には妻と、中学生と小学生の子どもがいました。

自分の死に対する恐怖と、妻と子ども二人を残して逝かなければならない寂しさに、胸も張り裂けんばかりです。とり乱した彼は数日間家でふさぎ込んで、出社はおろか外出すらしなかったそうです。

そして、一週間近く家に引きこもったある日、ふと不思議な感覚に陥ったそうです。それは、子どもが幼いときの写真が入ったアルバムを見ていたときでした。

「この子たちが子どもを授かり、そして豊かに育み、またその子たちが結婚し、子どもに恵まれ……このあとも続いていくであろう命のリレー。何十年も、何百年も、できれば延々と続いてほしい。そして、私もこのリレーランナーの一人だったんだな。何百年も、何千年も、何万年も続き、先人から受けつがれてきたバトンを妻と子どもたちに手渡すことができたんだ」

そして彼は思いました。
なんてすばらしいことだろう。なんて幸せな人生なのだろうと。

次の日、彼は早朝から出社の支度をはじめ、家族に最高の笑顔で挨拶をしたそうです。出社すると職場の人に休んでいたことを詫び、自分がガンであることも伝えました。
そして、決してあきらめていないこと、でも生きることに執着はしていないこと。とにかく生かされているかぎり一日一日を大切に、精一杯全力で仕事に励み、共に過ごしてくれるすべての人を愛したいと宣言をしたのです。

「違うスケールと角度」から見える人間的成長

彼の至った視点は、俯瞰という言葉では表現しきれないほどの大きさです。

何百年、何千年、何万年と続いてきた生命の連鎖を感じ、その中の一つの役割として自分という存在と余命を見る。そうしたときに、彼はパラダイム・シフト（根本的枠組みの大転換）を起こしたのでしょう。

もし、目の前の死や病とにらめっこしていたら、彼は人生を嘆いて死を恐れ、苦しい余命に翻弄されていたでしょう。

しかし、まったく違うスケールと角度から俯瞰することによって、死や病の恐怖さえも乗り越えて豊かな日々を過ごし続けているのです。

このことは私たちの日常で起こりうるトラブル、失恋や離婚、わが子の不登校、失業などについても同様です。

目先のことだけにとらわれていると、自分を責めたくなるでしょう。

しかし、自分を責めても、何かのせいにしても問題は解決しません。

俯瞰して自分のありかたを見つめたとき、自分が変化・成長し、問題が解決できることに気づくのです。


「これまでの人生で、いまが一番充実していて、すばらしい時間を過ごせています。妻や子どもたちが愛おしい。会社の人とも最高のチームワークで仕事ができています。もちろん、命の終焉はいつやって来るかわからない状態は続いています。でも、そのことを嘆く気持ちよりも、今日を精いっぱい生きて、最高の１日にしたい。私の命が終わっても、妻や子どもたちがリレーランナーとして走り続けてくれます。部下や後輩たちが、すばらしい仕事を伝え続けてくれます。いまはもう、何の心配もないのですよ。少しさみしいですけれどね」


そう言う彼は現在49歳。

治療を続けながら、いまもビジネスマンとして全力で生きています。

価値観も信念も毎日リセットする

「当たり前」は人によって違う

私たちは人間関係のトラブルや悩みにおいて、「価値観の違い」を大きな問題として考えています。

しかし、そもそも、「価値観」とは何なのでしょうか。そして「価値観の違い」は、越えがたい大きな壁なのでしょうか。

価値観とは、「これが当たり前」という観念であり、物事の軽重を図る物差しであり、私たちが生きていくうえで重要な判断を下す基準のようなものです。

たとえば、どのくらいの収入があればよしとするのか。あるいは、どのくらいの預貯金があれば十分とするのか、という「金銭」にまつわる価値観。

または、どの学校に入学し、学士・修士・博士まで目指すのか、という「学歴」・「教育」にまつわる価値観。

仕事を食べていくための手段と捉えるのか、それだけではなく人生における大切な役割として向き合っていくのか、という「仕事」にまつわる価値観などです。

そのほかにも、「時間」「家族関係」「友人関係」「食」「宗教」など、日々の生活をしていくうえで、判断や決定をするための基準としているさまざまな価値観があります。

これらの価値観が違っているために、対立や争い、破壊などの人間関係におけるトラブルが発生しています。

離婚の原因は「価値観の違い」が常に上位です。親子関係がうまくいかないのも、「価値観の違い」でしょう。部下や上司との関係における悩みは、「世代間における価値観の違い」が多いものです。

人間はすぐ支配されてしまう

では「価値観」が、どのようにつくられていくのかを考えてみましょう。

昔の話ですが、破壊的なカルト宗教団体では、メンバーの意思統一を図るために「マインド・コントロール」を行います。

マインド・コントロールというと、催眠にかけるようなものだと勘違いしている人が多いようですが、そうではありません。じつは**「情報操作」**なのです。

オウム真理教の事件で知られるようになりましたが、信者と言われた人たちは教団施設で修行をし、見事なまでにマインド・コントロールされ、意思統一と情報が統一されていたのです。

彼らは施設内の教団員や信者としか話せません。家族や友人が面会に来ても、一切会うことができません。そしてテレビ・ラジオ・新聞などのメディアにも、一切触れられないのです。そのうえで、教団にとって都合のいい情報だけは、どんどん与えられていくわけです。この手法で、少なくとも2週間も経てば、教団を完全に信じ込み、

1ヶ月経てば見事にマインド・コントロールされて、自分の意志では脱出することが不可能になります。情報が偏ることで、私たち人間の考え方や、価値観、意思などは簡単に揺らいでしまうのです。

自分の価値観が正しいと思わない

価値観が正しいか間違っているかは、短い時間で判断できるものではありません。いまは非常識なことでも、5年経てば常識になることなんていくらでもあります。個人も人間的に成長することで、自然に価値観は変化していきます。

大切なことは**「自分の価値観は正しい」と思わないこと**です。自分の持っている価値観や信念は、毎朝リセットして生活をスタートするのです。

たまには自分の価値観や状況を俯瞰してみてください。

自我のとらわれからちょっと抜け出て、自分にメリットがなくても友人が心から楽しんでくれることは何だろうと考えてみる。

自分の立場を守ることよりも、チームにとっていま必要なことは何だろうと考えてみる。

自分の意見を押し付けるよりも、家族が幸せになるために、いま大切なことは何なのだろうと考えてみる。

このような意識から出てきた価値観や意見を他人に伝えることができれば、多くの人が納得し、協力も惜しまないでしょう。

他人のためにという思いでいると、2章で述べた「ねばならない」の世界に入ってしまうのでは？　と思う人もいるでしょう。

「嫌われないように」という意識で起こす行動と、「人に喜んでもらい、自分も一緒にハッピーになりたい」という意識で起こす行動は違います。

前者は、自我に囚われることで自分を犠牲にし、他人目線で人に尽くす言動が自分自身を苦しめている状態です。

後者は、他人の表面的な言動に振り回されず、自分の意思で人が本当に喜ぶことを考えている状態なのです。

そして、後者の視点にたどりついたときが、人づきあいで疲れない自分になったと

き、心から自分の幸せを実感しているとき
なのです。

「すぐできなくて当たり前」で生きる

まず「楽しむ方法」を考える

この世の中には、「どうしようもない」ことがたくさんあります。「どうしようもない」というのは、「自分の希望や期待通りにならない」という意味です。

雨が降ってほしくないと思っても、自然は平気で雨を降らします。年老いたくないと願っても、抜けるわ、ハゲるわ、シワはよるわ、シミだらけになるわ、なのです。

そして、これらのどうしようもないことを、**「どうにかしよう」というところから悩みが生まれる**のです。

この世の出来事は、あなたに意地悪をしてやろうとか、特別に苦しめてやろう、などという意識を持って起きているわけではなく、ただ現象をもたらしているにすぎません。

なんとかしようなどと思わずに、ありのままを受け入れ、そのことを**いかに楽しむかを考えることで、人間が抱えるたいていの悩みは解決します。**

しかしながら、この自然界で唯一、特異な存在があります。

それは人間の持つ〝自我〟です。この自我だけは、ありのままに放置して、好き勝手にやらせておけば暴走するのです。

そこで、教育が必要になるわけです。教育という「しつけ」を通じて、していいこと、悪いことを身につけ、暴走しないようにするのです。道徳や倫理を通して、目先の利益を追うだけではなく、他人を助ける喜びや大きなレベルにおいて自分の幸福が広がることを学んでいくのです。

しかし、学んでも、学んでも、そう簡単には自我のとらわれから脱することはできません。自分のことを一番に考え、自分の利益を企て、思うままに物事を押し通そうとし、保身に走ります。それが、人間という未熟な未完成な存在です。

自分も含めて「未熟な存在」同士が関わることで人生はつくられ、また彩られていくのです。

いますぐに解決したいと思わない

あなたがこの本を手にとった理由は、周囲の人と関わっていく中で、あなた自身があるがままではいけないと思ったからでしょう。

自分が変わり、相手を変え、成長することで現状を乗り越えていきたいと思ったからでしょう。

しかしながら、このような本や、さらにすぐれた書籍を読んだとしても、たちどころに問題解決するわけではありません。**人間の成長とは、ゆるやかなものです**。目に見えて確認できるようなものでもありません。そして、学ぼうとするあなたよりずっと後に、苦手な相手の変化や成長はついてくるものです。

「時間薬」という言葉があります。

これは、「時間が経てば、傷（病）はよくなる」という解釈もできれば、「いますぐにできることはなく、ただ待つ以外にはない」という意味もあるのだと思います。

人間関係のもつれやトラブル、悩みなどは**「すぐに解決したい」と願うほどつらいもの**です。

何とか早く、自分が変わり相手との化学反応を変えたくなるでしょう。

しかし、その化学反応は、物質の変化ほど早くはありません。こちらがジワジワ変わることで、相手も遅れてジワジワ変化し、時間をかけて反応自体が変化するのです。

それまでは、急いでもどうしようもないのです。焦ってもしかたがないのです。

それはそんなもので、しゃあないのですから。

それは、そんなものだと、「あきらかにみとめる」しかないのです。

気がつくと自分は変わっている

「他人と過去は変えられない。自分と未来は変えられる」という、仏教によって伝えられた言葉があります。

人間関係においてたとえつらくても、苦しくても、イライラ・ムカムカしても、「相手を何とか変えよう」とすれば、相手は自我の暴走により思わぬ変化を起こし、あなたとの関係より深刻なものになります。

あなたを疲れさせる苦手な相手や関係性がすぐ変わらなくても、しゃあないのです。

あなた自身が少しずつでも、どれだけ時間がかかっても、自らが変化・成長していこうとする姿勢と行動が、相手との化学反応に確実に影響を及ぼすのですから。

おわりに

本書は、自分や他人との向き合い方を考えることで、みなさんの現在における人間関係全体を整理する機会になったのではないでしょうか。

人間関係とは、自我を抱えた者同士が関わり、常に互いが変化しているところに発生する「化学反応」です。

自分が変わろうと思い、少しずつでも成長して相手に働きかける。

それでも相手は変わろうとせず、互いの化学反応に変化はないこともあるかもしれません。

しかし、そこで相手が容易には変われないことも「あきらかにみとめる」。

すると、やがてはあなたの変化に触発されて、相手も変化を起こし始める。

そうして私たちは、人との関わりの中で成長をとげてゆくのです。

このような本を書かせていただいた私自身も、実は20代のときに人間関係でずいぶん悩んだ経験があります。特に、年配男性から理由もなく嫌われているように感じていました。笑顔で一生懸命に挨拶し自分から話しかけに行っても、一向に好かれているようには思えなかったのです。

そのようなことが続き、気分がすっかり落ち込んでいたあるとき、交流会で出会った年配男性に心の内をふと打ち明けてみたのです。相手からすると初対面ですから、迷惑な話だったでしょう。

「自分はどうも、同性の先輩方に好かれないようで、すっかりまいっています。どうすれば、ふつうに接してもらえるようになるでしょうか？　教えていただけませんか？」

すると、その男性は、

「それでいいじゃない。無理をして上手に振る舞おうとするから、相手は嫌味に感じるんじゃないかなあ。いまのように素直に正直に接してくれると、私はとても気持ちよかったよ。君となら友人にもなれそうだ」

と言ってくれたのです。

振り返ってみても、若かった私はこの男性に救われたと思っています。

私自身も行き詰まっていたからこそ、いつもとは違う行動をとれたのでしょう。結果的には、その行動が今までの自分を打破することにつながりました。

もし、あなたがいま、行き詰まっているとしたなら、自分を変える一歩を踏み出す〝そのとき〟なのかもしれません。

「若い人はよく、〝生き甲斐がない〟と言います。しかしそれはあたりまえです。孤立した人に生き甲斐はない。生き甲斐とは、人間関係です」

これは作家の石川達三さんが残された言葉です。

疲れる人も含めて、人との関わりが人生を豊かにしてくれる。本当の人生とは、出逢う人との関係の中にあるということです。

最後に、本書を手にとって最後まで読んでくださったみなさまに感謝いたします。本書が自分を見つめなおし、自分らしい人生を見つける一つの機会になったのであれば、著者としてもうれしいです。

林恭弘

◆著者紹介◆

林 恭弘（はやし・やすひろ）

1964年生まれ。兵庫県宝塚市出身。心理コンサルタント・講師。

ビジネス心理コンサルティング代表。日本ビジネス心理学会参与。

幼児教育から企業を対象とする人事・教育コンサルタントまで幅広く携わった後、現日本メンタルヘルス協会代表の衛藤信之氏に師事。現在は企業・各種団体・学校などを対象とした講演会・研修会講師として活動。アカデミックな心理学理論をおもしろく、わかりやすく、説得力を持って伝える話しぶりで全国を奔走中。

著書に『ポチ・たまと読む心理学　ほっとする人間関係』（PHP研究所）、『世界一やさしい人間関係の教科書』、『コミック しあわせ夫婦になる 心が近づく妻のひと言』、『ポチ・たまと読む心理学　落ちこみグセをなおす練習帳』、『「わたしの生きる道」を見つける練習ノート』（以上、総合法令出版）、『「ぎくしゃくしている相手」とうまくいく方法』（大和出版）などがある。

講演会・研修会のお問い合わせ
ビジネス心理コンサルティング株式会社
http://business-shinri.com
Mail：info@business-shinri.com
Tel：0797-38-4571

誰といても疲れない自分になる本

2017年5月3日　初版発行
2017年7月3日　2刷発行

著　者　林恭弘
発行者　野村直克
発行所　総合法令出版株式会社
〒103-0001 東京都中央区日本橋小伝馬町 15-18
ユニゾ小伝馬町ビル 9 階
電話　03-5623-5121
印刷・製本　中央精版印刷株式会社

落丁・乱丁本はお取替えいたします。

ISBN 978-4-86280-550-8
総合法令出版ホームページ　http://www.horei.com/

本書は 2012 年 1 月に刊行された『「ムカつく！」相手と上手につきあう方法』に加筆修正したものです。